선생님, 내일 영어 수업 뭐해요?

선생님, 내일 영어 수업 뭐해요?

교실에서 바로 쓰는 영어 수업 노하우

최은지, 송은주, 최봄이, 조미화, 송효정, 박윤아

도서출판
수류화개

추천사

우리 세종시에는 배움중심 영어수업에 대해 고민하는 선생님들의 연구회가 있습니다. 이 연구회에서 이번에 책을 냈습니다.

이번에 펴낸 책은 연구회 선생님들이 학교 현장에서 영어수업을 하면서 연구하고 실천했던 내용을 아주 잘 정리한 책입니다. 세종시 뿐만 아니라 전국의 초등교사들에게 즐겁고 재미있는 영어 수업을 할 수 있는 큰 지침서가 될 것이라고 생각합니다.

영어수업에서 필요한 규칙과 환경구성, 교사의 마음가짐. 실제 영어 수업 시 바로 활용할 수 있는 다양한 활동, 알파벳, 파닉스 지도부터 국제교류 프로젝트 수업에 이르기까지 영어 수업 이론을 체계적으로 시도하고 적용하는 방법을 담고 있으며, 원어민 협력수업 사례, 원어민교사 업무 등 수업을 준비하면서 필요한 각종 업무에 대해서 도움이 되는 내용을 담고 있습니다.

배움중심수업의 관점에서 영어를 어떻게 가르치고, 교사로서 어떻게 준비할 것인가를 아주 잘 정리한 책이어서 신규 선생님들부터, 더 나은 영어 수업을 위해 도전하는 모든 초등 영어 담당 선생님들에게 큰 도움이 될 것이라 확신합니다.

이렇게 좋은 책을 만들어서 실천의 경험을 나누고 있는 연구회 선생님들께 감사드립니다. 선생님들의 노고는 우리 아이들의 삶에 중요한 디딤돌이 될 것입니다. 수고하셨습니다.

세종특별자치시교육청 교육감 최교진

프롤로그

영어 수업을
더 잘하고 싶은 선생님께

"원하지 않는 영어교과전담을 맡게 되었어요.
어디서부터 어떻게 준비해야 할지 너무 막막해요."

"학생들이 제 시간에는 태도가 좋지 않아요.
담임 선생님 시간에는 안 그런다던데…… 영어 학급 운영도 필요한 것 같아요.
좋은 방법이 없을까요?"

"교과서 활동 내용이 뭔가 부족해요.
젖은 장작도 타오르게 할 만한 신박한 활동이 있을까요?"

"한바탕 신나고 즐겁게 게임을 하며 영어 수업을 했어요.
학생들 반응도 좋고 저도 너무 만족스러운 수업이었어요.
그런데 다음 시간에 학생들에게 지난 시간에 배운 표현을 물어보니
정확히 아는 학생들이 별로 없는 거에요."

"외국에서 살다가 귀국한 학생과 알파벳 쓰기도 어려워 하는 학생이
한 반에 함께 있는 상황에서
다양한 수준의 학생들이 참여할 수 있는 수업을 어떻게 해야 할까요?"

"다양한 프로젝트 수업을 통해 교실에 활기를 불어 넣고 싶어요.
내일 당장의 영어 수업을 고민하는 하루살이 교사가 아니라
1년 정도의 장기적인 계획을 갖고 준비된 모습으로 아이들을 만나고 싶어요."

"영어 교과서에서는 크게 다루지 않지만 파닉스 지도가
우리나라 영어교육 환경에서 매우 필요한 것 같아요.
단계별로 어떻게 지도하면 좋을까요?"

"세계화 시대에 맞춰 국제교류 프로젝트를 도전해 보고 싶어요.
준비부터 실행까지 구체적으로 어떤 과정을 거쳐야 할까요?"

"원어민교사 관리업무가 처음인데, 이런 경우 어떻게 해야 할지 모르겠어요.
원어민 협력수업도 어떻게 진행해야 할지 막막해요."

초등학교에서 영어를 가르치다 보면 한 번씩 해보게 되는 고민입니다. 영어가 좋아서 가르치게 됐든, 원하지 않는 상황에서 가르치게 됐든 초등학교에서 영어를 가르친다는 것은 담임교사가 대다수를 차지하는 초등학교에서는 비주류의 영역이라고 할 수 있습니다. 그러다보니 "영어전담들은 담임업무도 없고, 얼마나 편하고 좋아?" 와 같은 불편한 시선이나 자기 반성 앞에서 오늘도 매시간 빡빡한 수업 일정을 소화하며 수업에 대한 고민들을 해결해 보려 애쓰지만, 함께 의논할 교사를 찾기도 쉽지 않습니다.

사실, 교사커뮤니티 자료실에만 들어가도 그간 선생님들이 만들어 놓은 영어 교수학습 자료 및 각종 팁들은 엄청납니다. 그렇지만 현장에서 학생들을 직접 만나 가르치는 경험이 쌓이다 보면 뭔가 부족함을 느낍니다. 그리고 주변의 다양한 상황에서 교사가 흔들리지 않고 1년의 수업을 끌어갈 수 있게 도울 수 있는 긴 안목과 호흡을 갖춘 지침서가 필요하다는 것을 느낍니다. 이에 뜻이 맞은 초등영어교사 6인이 모여 그간 영어 수업에 대해 고민하며 실천한 경험과 사례를 정리해 보았습니다.

제1부 〈영어 수업 잘하는 교사는 준비가 다르다〉에서는 영어 수업을 본격적으로 시작하기에 앞서 영어 수업에서 교사의 바람직한 역할과 영어교실 규칙, 유용한 학습 교구 등 생각하고 준비해야 할 것들을 소개합니다.

제2부 〈영어 수업 잘하는 교사는 루틴이 있다〉에서는 한 차시, 한 단원에서 반복적으로 이뤄지는 수업의 흐름을 살핀 후, 월별로 도전해 볼 수 있는 다양한 활동을 소개합니다.

제3부 〈영어 수업 잘하는 교사에게는 특별함이 있다〉에서는 파닉스 지도부터 국제교류 프로젝트에 이르기까지 체계화된 영어 수업에 도전하고자 하는 교사에게 준비부터 실행까지의 과정을 안내하였습니다.

제4부 〈영어수업 잘하는 교사는 업무도 잘한다〉에서는 영어교사라면 피할 수 없는 원어민교사 관리 업무를 효율적으로 처리하는 방법과 원어민교사와 협력 수업을 잘 할 수 있는 몇 가지 방법을 소개합니다.

전국 어딘가에서 영어교과를 처음 맡게 되어 불안해 하고 있을 선생님부터 더 나은 영어수업을 위해 고군분투하며 도전하는 모든 초등영어 교사들에게 이 책이 조금이나마 도움이 되기를 바랍니다.

[목차]

CHAPTER 03

영어 수업 잘하는 교사에게는 특별함이 있다

영어 수업 잘하는 교사는 업무도 잘한다

CHAPTER 04

CHAPTER 01

영어 수업
잘하는 교사는

준비가

다르다

영어 수업 준비를
한다는 것은

영어전담교사의 새 학기 준비는 영어교실의 모습을 어떻게 채워 나갈지에 대한 고민에서 출발합니다. 또 학생들의 자리는 어떻게 배치할지, 영어시간 규칙은 어떻게 정할지 등 여러 고민이 많을 것입니다.

본 장에서는 영어교실을 꾸미는 방법과 수업의 규칙을 정하는 법, 다양한 자리 배치 방법을 소개하고 학생의 참여를 이끌 수 있는 영어 수업을 위한 준비물은 어떤 것이 있는지 살펴보겠습니다.

- ☑ 배우고 싶은 공간으로 영어교실 꾸미기
- ☑ 영어 수업 규칙 정하기
- ☑ 영어교실 자리배치하기
- ☑ 영어 수업 준비하기

01

배우고 싶은 공간으로
영어교실 꾸미기

학생들은 교실에서 영어교실로 들어서는 순간 '한국어 세계에서 영어 세계로 왔구나.'라는 생각이 든다고 합니다. 영어 친화적인 교실 환경은 영어 학습에 효과적입니다. 평범하고 비슷비슷한 교실을 저비용으로 '영어 세계'라는 느낌의 영어교실로 꾸미는 방법은 어떤 것들이 있을까요? 먼저 영어교실이라는 공간의 목적을 생각해 봅시다. '영어를 배우고 싶은 곳', '영어를 사용하고 싶은 곳'이라는 느낌이 들어야겠죠?

'핀터레스트'에서 영감 얻기

핀터레스트(https://www.pinterest.co.kr)는 시각적 아이디어를 얻을 수 있는 유용한 사이트입니다. 여러 사진을 보고 스크랩하다 보면 현실적으로 시도해 볼 만한 사진들을 참고하여 다양한 환경 구성 아이디어를 얻을 수 있습니다. 핀터레스트를 잘 활용하려면 알맞은 검색어를 써야 합니다. 예를 들어 영어교실 환경구성을 참고하고자 'English Room'으로 검색하면 고풍스러운 영국 스타일의 방 인테리어 사진이 나옵니다. 'Classroom Design'으로 검색해야 교실 환경에 관한 사진들을 찾을 수 있습니다.

Tip   검색어 키워드

- 게시판 환경구성 사진 : Classroom Board
- 영어교실 규칙 사진 : Classroom Rules
- 영어교실 벽면 활용사진 : Classroom Chart

영어교실 칠판 구성하기

칠판은 수업 시간 동안 학생들의 시선이 가장 많이 향하는 곳입니다. 간결하게 유지하되, 학생들이 수업의 흐름을 파악할 수 있도록 오늘의 학습 내용을 안내해 주세요. 교과서 쪽수를 함께 적어놓으면 학생들이 미리 교과서를 펼치며 수업을 준비할 수 있습니다. 매일 루틴으로 물어볼 수 있는 날짜, 날씨에 관한 단어도 준비합니다. 일 년 동안 선생님이 바라는 학생들의 모습에 대한 문장들로 꾸미는 것도 좋습니다. 단, 수업내용을 위한 판서공간은 남겨두도록 합니다.

○ 칠판 세팅

― 매일 쓰는 표현 : 날짜, 날씨, 요일
― 수업 흐름 : 수업 목표, 활동안내
― 수업 내용 : 핵심단어, 표현
― 수업 철학 : 영어시간에 강조하고 싶은 태도

매일 쓰는 표현	수업의 흐름	수업 철학

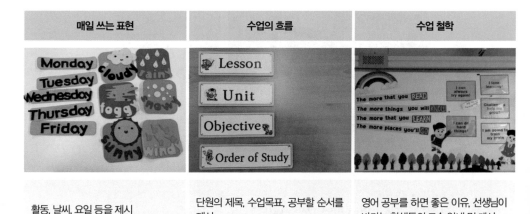

| 활동, 날씨, 요일 등을 제시 | 단원의 제목, 수업목표, 공부할 순서를 제시 | 영어 공부를 하면 좋은 이유, 선생님이 바라는 학생들의 모습 안내 및 게시 |

영어명언 게시하기

　영어학습 동기유발을 위해 학생들에게 익숙한 디즈니 영화 명언들을 교사가 읽어주는 것부터 시작해서 학생들이 각자 마음에 드는 영어명언을 조사한 후 자신의 명언을 써보고 발표해 봅니다.

수업 중 한 시간을 '명언데이'로 정하고 그날에는 학생들이 조사한 명언 중 몇 개를 뽑아 액자에 게시한 후, 자신의 명언을 친구들에게 소개해 보세요. 교실에 액자를 걸기 어렵다면 투명시트지로 붙이거나 종이 액자에 넣어 재사용 접착제 '블루텍'으로 고정합니다.

 Tip   영어 명언 검색 키워드

Motivational Quotes, Inspirational Quotes, Famous Quotes, Kids Quotes

 Tip   영국 초등학교 선생님의 학급경영

영국 교사들이 이용하는 사이트 'Sparkle Box'의 'Classroom Manage-ment'에서는 학급 규칙이 많이 소개되어 있고, 바로 인쇄해서 쓸 수 있다.(https://www.sparklebox.co.uk)

Tip 미국 초등학교 선생님들의 교실 꾸미기

교실 환경 꾸미기를 할 때 시중에서 완제품으로 구입할 수 있는 것들을 적절히 활용하면 편리하다. 미국 초등학교 선생님들이 활용하는 상품을 아마존(amazon.com)에서 구입할 수도 있지만 국제 배송비가 상품의 가격만큼 나간다는 단점이 있다. 하지만 아마존에서 검색을 해보는 것만으로도 다양한 아이디어를 얻을 수 있다.

● **아마존 검색어 키워드**
  – 교실에서 쓰는 포스터(일반) : Banner Posters for Teachers – Bulletin Board
  – 교실 벽 장식 게시판 : Classroom Wall Decor Bulletin Board
  – 동기부여가 되는 문구 포스터 : Motivational Posters for the Classroom
  – 벽에 붙이는 포스터 : Be Creative Decals for the Classroom

영어교실 내 쉼터 꾸미기

영어교실에 여유 공간이 있다면 영어 그램책, 영자신문, 영어 보드게임 등을 비치하여 활동이 끝나고 남는 시간에 활용할 수 있도록 해보세요. 작은 북카페처럼 좌식으로 꾸미면 색다른 분위기를 만들 수 있습니다.

영어 수업 규칙 정하기

영어교실의 규칙은 선생님들의 교육철학을 반영하기 때문에 하나의 정답이 있는 것은 아닙니다. 단, 학생들에게 영어교실과 학급에서의 규칙은 다를 수 있다는 점을 알려주세요.

첫째, 영어교실 규칙은 간단하게!

교과전담이 영어수업을 맡아 하는 경우, 영어 시간의 규칙은 간단하게 정합니다. 너무 엄격한 규칙이 많은 경우에는 아이들이 모두 기억하기 어려울 뿐만 아니라 아이들이 지키지 않는 것이 많아지는 순간 교사가 오히려 스트레스를 받게 됩니다. 여러 학급과 학생들을 지도해야 하는 영어 전담 교사라면 학급 담임일 때보다 조금 더 너그러운 마음과 기준을 갖는 것이 좋습니다.

둘째, 내가 지킬 수 있는 것만!

일관성 있는 교사의 태도는 항상 중요합니다. 학생들이 규칙을 지키길 바라는 만큼 학생들도 선생님이 공평하고 일관되게 행동해 주기를 기대합니다. 교사가 다 챙겨줄 수 없는 보상제도나 벌점제도는 애초에 시작하지 않는 것이 나을 수 있습니다.

셋째, 학생들과 함께 정하는 영어교실 규칙!

학생들과 영어 수업에서 지켜야 할 규칙에 대해 이야기하는 시간을 가집니다. 영어 시간에 필요한 준비물을 잘 챙겨서 늦지 않도록 착석하는 예의, 과제를 성실하게 해결하려는 책임감, 사용한 자리를 다음 사람을 위해 정리하는 배려, 다른 친구가 이야기할 때 무안해하지 않도록 않도록 집중하고 호응하며 들어주는 자세, 도움이 필요한 친구를 도와주려는 마음가짐 등 학생들이 필요하다고 생각하는 규칙을 바탕으로 방향을 세웁니다.

영어교실 자리 배치하기

영어 수업은 짝 활동이나 모둠 활동이 많으므로 적어도 한 달에 한 번은 자리를 바꿔 다양한 친구들과 활동할 수 있도록 합니다.

영어를 학습하며 짝 찾기

매칭 카드로 짝 찾기

01 학습하고 있는 단원의 어휘와 표현을 사용하여 매칭되는 카드를 제작한다.(단원 관련 내용이 아니라도 가능)

02 매칭 카드의 형태는 단어와 그림 매칭하기, 문장과 그림 매칭하기, 미완성 문장 완성하기, 질문과 답 매칭하기, 동사의 원형과 과거형 매칭 등 다양한 방법이 있다.

03 학생들은 카드를 무작위로 뽑고 자신의 카드와 매칭되는 카드를 가진 친구를 찾는다.

04 짝을 찾아 선생님에게 오면 앉고 싶은 자리를 학생들에게 고르도록
하거나, 교사가 교우 관계와 학생 수준을 고려하여 앉는 위치를
지정한다.

> ## 동물농장 자리 뽑기
>
> - 매칭되는 단어 찾기
>
> ① 동물이름 - 아기동물이름을 매칭한 카드 중 한 장을 뽑는다.
> ② 질문을 하며(Where is my baby? / Where is my mommy?) 자신의
>   짝을 찾는다.
> ③ 이때, 동물의 울음소리를 낼 수 있다.(고양이: meow)

 Tip 검색어 키워드

〈 Baby Animal Words List 〉

dog	puppy
pig	piggy
cat	kitten
horse	foal
duck	duckling
cow	calf
lion	lion cub
...	...

〈 Animal Sounds List 〉

dog	woof
pig	oink
cat	meow
horse	neigh
duck	quack
cow	moo
lion	roar
...	...

그(그녀)를 찾아주세요

– 그림과 문장(어구) 매칭하기

① 인물사진 – 외모 묘사 문장을 매칭된 카드 중 한 장을 뽑는다.
② 질문을 하며(What does she look like?) 자신의 짝을 찾는다.
③ 이때, 그림이나 문장을 직접 보여줄 수는 없다.

She has a pink
bag.

She is wearing
white pants.

She has blue
eyes.

She is wearing
a red t-shirt.

She has long
curly hair.

그 밖의 매칭 카드 제작 주제

go	went	It's in front of 7.	It's next to 5.	soccer	축구
visit	visited	It's between 2 and 4.	It's behind 2.	baseball	야구
read	read	It's next to 8.	It's in front of 10.	tennis	테니스
...	...	...	...	basketball	농구

동사와 과거형 매칭하기	번호 찾아 앉기	단어와 뜻 매칭하기

매칭 물건으로 짝 찾기

물건의 주인을 찾아라

① 교사는 학생들의 물건을 담을 주머니를 준비한다.

② 학생들을 두팀으로 나누어(예: 짝수/홀수) 한 팀이 자신의 물건을 주머니에 넣는다.(단, 볼펜 뚜껑같이 크기가 작은 것이나 손에 잡히기 어려운 뾰족한 형태의 물건은 넣지 않는다.)

③ 상대팀은 한 씩명 주머니에서 물건을 뽑으며 "Whose pencil is it?" 이라고 질문하고, 물건의 주인과 짝이 되어 자리에 앉는다.

학생의 영어 실력을 고려한 자리 바꾸기

01 진단 평가와 영어 수업 태도를 기준으로 학생의 영어 수준을 4단계로 구분한다.

(최상 ▇▇ , 상 ▇▇ , 중 ▇▇ , 하 ▇▇)

02 좌석을 배치할 때는 수준이 골고루 섞이게 하거나 비슷한 수준의 학생들로 구성한다.

다른 학습 수준으로 모둠 구성하기	비슷한 학습 수준으로 모둠 구성하기
교탁	교탁

손○○	배○○		이○○	한○○		정○○	이○○
이○○	김○○		이○○	주○○		박○○	김○○

정○○	허○○		임○○	김○○		장○○	이○○
최○○	김○○		최○○	권○○		박○○	정○○

정○○	김○○		김○○	윤○○		허○○	배○○
정○○	정○○		이○○	이○○		한○○	주○○

박○○	김○○		손○○	이○○		최○○	권○○
정○○	정○○		임○○	김○○		이○○	권○○

낮은 수준의 학생이 도움을 받을 수 있는 장점이 있다. 단, 모둠 안에서 학생들 간의 수준이 달라 조별 활동 시 흥미를 잃는 학생이 발생할 수 있다.

모둠의 학습 수준에 맞추어 수준별 과제를 제시할 수 있다. 단, 하위 수준으로 구성된 모둠은 교실 앞쪽에 배치하여, 교사의 피드백을 자주 받도록 한다.

랜덤으로 자리 바꾸기

숫자가 적힌 카드나 에폭시 번호판을 이용하여 뽑기를 한 후 해당 숫자의
자리에 앉습니다.

 Tip   앞자리부터 뒷자리까지 돌아가며 앉기

뒷자리에 앉은 학생들은 상대적으로 수업에 대한 집중도가 떨어질 수
있다. 한 달에 한 번 무작위로 번호를 뽑고 자리를 정한 후, 일주일마다
한 줄씩 뒤로 이동하는 방법을 사용하면 모든 학생들이 가장 앞 줄부터
끝 줄까지 앉을 수 있다.

 Tip   컬러 원형 에폭시 번호판

컬러 원형 에폭시 번호판은 숫자가 필요한 다양한 게임 및 자리 바꾸기
에서도 유용하다.

영어 수업 준비하기

수업 집중을 도와주는 준비물

영어 수업 시 가장 필요한 도구는 역시 마이크입니다. 아무리 좋은 CD, 음원을 활용해도 교사의 목소리만한 것이 없습니다. 단, 마이크를 활용할 때는 음질이 좋은 마이크를 사용하고 볼륨을 잘 조절하여 교사의 목소리가 명확히 전달될 수 있도록 해야 합니다. 무선마이크는 가격과 종류가 다양한데, 아래의 제품들은 가격대비 우수한 성능을 가지고 있습니다. 교실을 이동하며 영어 수업을 하는 경우 무선 마이크 제품 중 휴대성이 간단한 일체형 무선마이크를 추천합니다.

 Tip 추천제품

- **이베스트 무선 마이크(13만원대)**
  10만원 초반대의 스피커 일체형 마이크
  (음질이 좋고 볼륨도 적당하여 활용도가 높으나, 계속 손에 들고 있어야 하는 단점은 있음.)

- **베네위츠 무선마이크(5만원대)**

  손을 자유롭게 활용할 수 있는 무선마이크

- **스와니폰 마이크, 라이보 마이크(20만원대)**

  스피커와 마이크가 분리된 형태의 마이크

단어와 문장 익히기를 도와주는 준비물

단어와 문장을 읽고 쓰는 학습 지도 시 도움이 되는 준비물입니다.

이선생 포켓차트	러닝리소스(LR3237) 화이트보드 자석	리틀램스쿨 포켓차트
	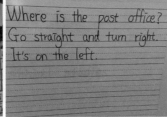	
다양한 그림 및 낱말 카드를 포켓에 넣어 영어교실에 게시함. 단원이 바뀔 때마다 카드를 교체함.	일반 칠판에 부착하여 4선 노트로 사용할 수 있음. 알파벳 대문자 소문자 및 문장을 정확하게 쓰는 것을 지도할 수 있음.	적당한 크기로 잘라 포켓차트에 꽂아 문장 어순 연습을 하거나 뒷면에 자석을 부착하여 칠판에서 활용함.

학습지 관리를 도와주는 준비물

학습지는 책이나 공책에 풀로 붙이거나 별도의 파일에 보관하여
학생들이 잘 보관할 수 있도록 합니다.

정부파일	포켓파일	자주 사용하는 학용품

2구 펀치로 미리 구멍을 뚫어 학습지를 배부함. 종이재질보다 플라스틱(PP) 소재가 좀 더 튼튼함.	잘 뜯어지기 쉬운 교과서의 부록자료를 학기 초에 뜯어서 미리 넣어 두거나 학습지를 모으는 용도로 사용.	자주 사용하는 물품은 학생 개별 책상 서랍에 넣어두면 좋음.(풀, 가위, 보드마카 등)

교사의 수업 준비를 도와주는 준비물

교사가 영어 수업을 준비할 때 유용한 물품들을 소개합니다.

이동식 장난감 정리대	이지커팅 페이퍼	번호 뽑기통

바구니별로 학습지를 정리하거나 반별 공책을 걸 때 유용함.	칼선이 있어 인쇄 후 교과서 부록 카드처럼 손으로 뜯어서 사용할 수 있음. 한 쪽이 패턴 인쇄된 용지도 있어 카드게임 시 뒷면이 비치지 않음.	말하기 활동 시 번호를 무작위로 뽑음. 빙고게임이나 말하기 연습 시 유용함. 명렬표를 작게 뽑아 함께 비치하는 것이 좋음.

모둠활동 및 프로젝트 학습을 도와주는 준비물

모둠의 활동 결과를 반 전체 친구들이 공유할 때 유용한 준비물입니다.

3M 이젤패드	마그피아 미니 자석 보드	포코스 모양펀치(101mm)

 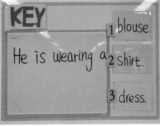 

벽면에 부착이 자유로워 학생들의 의견을 쓰기 좋음.	포스트잇의 자석버젼. 600X400, 400X300 사이즈의 칼라 보드를 주로 사용함.	모양대로 종이를 자를 수 있어서 편리함. 짧은 글쓰기용 종이로 유용함.

작품 제작 및 전시를 도와주는 준비물

　작품을 만들 때 종이와 펜을 다양
하게 바꾸는 것만으로도 학생들의 동
기를 부여할 수 있습니다. 유성매직
24색이나 마카펜, 48색 이상의 색연
필 세트 등을 충분히 준비해 두면 좋
습니다.

〈 보면대, 미니 나무이젤 〉
큰 사이즈의 철판 보면대는
8절지 이상의 결과물 게시용,
미니 나무이젤은 개별작품
전시용으로 사용.

Tip 초간단 책 만들기

학생들의 개별쓰기 결과물을 학급별 책으로 만들어 두면 보관하기도 편하고 전시하기에도 좋다.

① 종이박스(택배박스)를 A5 크기로 잘라 아일렛 펀치로 구멍을 뚫고, 패브릭 스티커를 붙인다.
② 학생들의 쓰기 작품을 모아 책을 만든다. 속지 종이는 A4용지 기준 150g~180g정도의 무게가 적당히 도톰하고 볼펜으로 썼을 때의 필기감이 좋다. 종이를 나눠줄 때는 2공 펀치로 구멍을 미리 뚫어 배부한다.
③ 카드링 두 개를 펀치 구멍에 꽂아 완성한다.

게임 활동을 도와주는 준비물

카드를 제작하거나 학습지를 활용한 게임을 할 때, 종이를 코팅하는 것 대신 두꺼운 A4용지(160g 이상)로 인쇄하면 잘 구겨지지 않고, 뒷면이 비치는 것을 방지할 수 있습니다.

산다케이스(A4)파일 , 클리어파일 속지, L자 화일	고무 주사위	O·X 판
		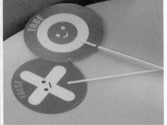
종이를 끼워 보드마카와 함께 사용하면 여러 번 사용할 수 있음.	주사위를 굴릴 때 시끄럽지 않음. 다양한 크기로 구입할 수 있음.	True or False 퀴즈에 활용.

 Tip 토킹칩을 활용해 보세요.

- 수업 활동에 말을 하지 않는 학생이나 무임승차를 방지하기 위한 의무적 말하기 도구로 학생들은 각자 3∼5개의 토킹칩을 가지고 있다가 영어로 말할 때마다 토킹칭 1개를 내려놓을 수 있다. 토킹칩이 손에 남아 있지 않을 때까지 말을 해야 한다.(순서를 돌아가며 할 수도 있고, 순서에 상관없이 말할 때마다 버릴 수도 있음.)

- 토킹칩은 프로젝트 활동이나 개별활동 진행 시, 학생들이 과제를 스스로 해결하기 어려울 때 도움을 요청하는 SOS도구로도 사용할 수 있다. (토킹칩의 개수만큼 도움을 요청할 수 있어 학생은 도움을 요청할 수 있다는 안정감을 느낄 수 있음.)

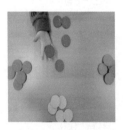

CHAPTER 02

영어 수업
잘하는 교사는

루틴Routine이

있다

한 차시One Day
루틴

수업의 시작과 중간, 마무리까지 어떻게 해야 할지 막막하신 선생님들께 한 차시 루틴을 제안합니다. 학생들이 영어교실에 들어서는 순간부터 떠나는 순간까지 모든 말과 행동이 교육과정이 될 수 있습니다. 꼼꼼하게 챙긴 한 차시가 모여 한 단원이 되고 한 학기가 됩니다. 한 시간의 수업을 알차게 채워보는 방법을 살펴봅시다.

- ☑ 학생들 맞이하기
- ☑ 수업 시작하기
- ☑ 수업 목표 제시하기
- ☑ 선생님을 보세요, 집중구호
- ☑ 수업 펼치기
- ☑ 수업 마무리하기
- ☑ 영어교실 나가기

01

학생들 맞이하기

영어교실의 수업분위기를 결정짓는 것은 학생을 맞이하는 교사의 모습일 수 있습니다. 영어교실에 오기 전에 친구와 투닥거려서 속상한 마음, 담임 선생님께 혼나서 답답한 마음, 체육 시간에 피구에서 져서 속상한 학생들의 마음을 한 시간의 영어 시간에 다 지울 수는 없지만, 학생들이 영어교실에 들어서는 순간 다른 생각을 잠시 다 내려놓고 영어 수업에 흠뻑 빠질 수 있도록 교사가 마음을 열어 준다면 영어학습에 긍정적인 효과를 줄 수 있습니다.

환영합니다

영어교실 문 앞에 서서 교실로 들어오는 학생들과 인사를 나누며 맞이합니다. 학생들과 눈을 마주치고 인사를 하다보면 1~2분의 시간이 걸리지만 이 짧은 시간이 수업 전반의 분위기를 좋게 만듭니다.

쉬는 시간에 공문 처리하랴, 다음 반을 위한 수업 준비하랴 학생들 한 명 한 명에게 인사할 틈을 내기란 쉽지 않습니다. 그렇지만 일단

하던 일을 멈추고 학생들을 마주하면 학생들 한 명 한 명이 눈에 보이기 시작합니다.

영어로 말을 걸어주세요

간단한 영어문장으로 인사를 건네보는 것은 어떨까요? 문 앞에 서서 컨베이어 벨트처럼 들어오는 학생들에게 같은 문장의 인사말을 로봇처럼 반복하고 있는 모습을 상상해 보면 약간 우습기도 합니다. 학생들마다 조금씩 다르게 인사를 해보세요. 학생들의 모습이 어제와 달라진 부분이 있다면 그 부분을 이야기해도 좋습니다. 머리를 자른 학생이 있으면 "Oh, You've had a haircut!"을 건내 보거나 새로운 스타일의 옷을 입고 온 학생에게는 "I like your dress!" "You look great today!"를 말해주는 것도 좋습니다. 학생들은 선생님이 나에게 관심이 있다는 것을 느끼는 순간 신뢰가 싹틉니다.

일반적인 인사	학생의 변화에 초점을 둔 인사
<ul><li>Hi.</li><li>Hello?</li><li>Good morning?</li><li>How are you?</li></ul>	<ul><li>You've had a haircut.</li><li>I like your dress.</li><li>I like your hair pin.</li><li>You look great today.</li><li>You look different.</li></ul>

아침 인사 선택버튼

유튜브에서 'Morning Greetings in the Classroom'을 검색하시면 다양한 인사 방법을 참고할 수 있습니다. '아침 인사 선택버튼'을 활용해 보세요. 학생들이 각자 원하는 인사 방식을 선택하는 활동입니다.

Hand Shake   Hug   Fist Bump

High-Five   Dance

그냥 인사가 아니다

교사는 수업 전 간단한 인사 만으로도 교사는 학생들의 많은 파악할 수 있고 영어 학습에 긍정적인 효과도 기대할 수 있습니다.

첫째, 학생들의 준비상태를 확인할 수 있습니다.

학생들을 한 명씩 보면서 영어 수업에 필요한 준비물(교과서, 영어공책, 필통 등)을 다 들고 왔는지를 입구에서 확인하며, 안 가져왔다면 다시 교실로 돌아가 가져오도록 합니다. 학기 초에 꼼꼼히 확인을 한다면 학생들도 주의를 기울이게 됩니다.

둘째, 학생들이 영어 인사에 자연스럽게 익숙해집니다.

수업시간이 아닌 쉬는 시간에 복도에서 영어 선생님을 만날 때에도 자연스럽게 "Hello!"로 인사하는 학생들의 모습도 발견할 수 있습니다. 별거 아닌 것 같아도 이는 학생들에게 '오, 나 방금 외국인처럼 인사한 것 같아!'라는 성취감과 자부심을 줍니다.

셋째, 학생 스스로 영어 수업 시작을 위한 마인드 셋을 할 수 있습니다.

영어 인사를 통해 학생들은 자연스럽게 영어 학습을 위한 마음의 준비를 합니다. '이제 영어 세계에서 영어를 말할 시간'이라는 신호를 주고 이를 수업의 시작으로 연결지을 수 있습니다.

수업 시작하기

수업 시작 시 고정된 루틴을 정하여 활용합니다. 같은 방식으로 수업의 시작을 알리며 반복적으로 진행할 수 있는 일정한 루틴이 있다면 학생들이 스스로 '이제 수업이 시작되는구나'를 느낄 수 있습니다. 실제로 학생들이 영어교실에 들어와서 자리에 앉고 자기 물건을 책상 위에 올려놓는 어수선한 시간이 존재합니다. 루틴을 시작하면서 자연스럽게 수업의 시작을 알립니다.

English Captain

캡틴 제도란 번호대로 'English Captain'을 지정하여 영어시간의 특별한 역할을 부여하는 제도입니다. 그날의 캡틴은 매 차시 번호 순서대로 바꾸어 주고 모든 학생들이 캡틴의 역할을 맡는 기회를 줍니다. 캡틴은 수업 시작 시, 그 날의 질문에 대한 답으로 수업을 열어주는 역할과 그날 수업에 교사를 돕는 역할을 수행합니다. 유인물을 나누어 주거나 다른 학생들을 이끌 수 있는 기회도 가집니다.

캡틴제도

● 번호 순서대로 돌아가며 캡틴의 역할을 맡는다.

　(예를 들면 첫 날에는 1번이 캡틴, 그 다음 수업에는 2번이 캡틴이 된다.)

● 매 수업 시작 시, 세 명의 캡틴들이 다음의 내용을 대답한다.

	last captain (지난 시간 캡틴)	today's captain (오늘의 캡틴)	next captain (다음 시간 캡틴)
what to say	day	date	weather

● 캡틴 루틴의 대화 예시

T : Let's start the class. Today's captain is number 3. What's today's date?

Captain(#3) : It's March 17th.

T : Thank you. Last captain, number 2, what day is it today?

Last captain(#2) : It's Monday.

T : You did a good job. Next captain, number 4, how's the weather?

Next captain(#4) : It's cloudy.

Global News로 시작하기

　짧고 간략한 글로벌 뉴스로 수업을 시작할 수도 있습니다. 학생들이 관심 있어 할 만한 주제인 K-pop가수나 지구촌 뉴스를 활용하거나, 학습하고자 하는 내용과 관련된 주제어(예 : Animal, Sports, Food…….)로 기사를 검색해 보는 것도 좋습니다. CNN, 아리랑 뉴스 같은 실제 영어뉴스를 활용해도 좋지만, 이는 성인 학습자에게도 빠른 속도와 어려운 어휘로 구성된 경우가 많아 학생들이 활용하기에 적합하지 않습니다. 따라서 학생들 수준에 적당한 어휘와 문장으로 재구성된 뉴스를 제공하는 것을 추천합니다. 기사를 모두 읽거나 뉴스 영상을 다 보지 않고 기사의 제목만 보아도 주제와 관련된 많은 어휘를 학습할 수 있습니다. 학생들은 영자 신문 활동을 통해 실제 영어사용 상황에 흥미를 느끼고 자신의 생각을 영어로 말하고 싶어할 것입니다.

 Tip 학생들의 수준에 맞는 영자 신문을 무료로 볼 수 있는 사이트

- 키위키드뉴스 https://www.kiwikidsnews.co.nz/
- 타임포키즈 https://www.timeforkids.com/k1
- 키즈뉴스 https://www.kidsnews.com.au/
- EBS English 자기주도학습 - 온라인콘텐츠 - 영자신문 - 수준에 맞는 강좌 수강 신청

교과서 단원 노래로 시작하기

수업 시작 시, 교과서의 노래를 활용하는 것도 좋습니다. 노래의 가사에는 단원에서 배워야 할 주요 표현이 대부분 포함되어 있습니다. 고학년 학생들이 교과서의 노래에 흥미를 보이지 않는다면 목표 표현과 관련된 영상을 유튜브에서 검색하여 사용해도 좋습니다. 수업을 시작할 때마다 들려주면 한 단원이 진행되는 동안 학생들이 총 6~7번은 듣게 되니 반복 학습의 효과도 있습니다.

간단한 안부 인사로 시작하기

'How are you today?'라는 교사의 질문으로 수업을 시작합니다. 전체 학생들에게 자유롭게 대답하도록 하면 적극적인 몇몇의 학생들만 발표하는 경우가 있으므로 다음과 같은 방법을 활용하여 학생 모두가 참여할 수 있도록 해보세요.

모두 다 손 들어

① 교사가 'How are you?'로 질문한다.
② 모든 친구들이 손을 들고 시작한다.
③ 교사가 지정한 한 명이 자신의 기분을 영어로 말한다.
④ 친구가 말한 감정이 자신이 말하려고 했던 감정과 같으면 손을 내린다.
⑤ 손을 모두가 내릴 때까지 진행한다.

모두가 손을 들고 있으므로 교사는 평소 수업에 소극적인 학생을 찾아 발표 기회를 줄 수 있고, 발표에 적극적인 학생들은 마지막까지 손을 들어 아직 친구들이 발표하지 않은 감정 표현들을 찾아 발표하므로 다양한 표현을 배울 수 있습니다.

Tongue Twister

'내가 그린 기린 그림은 긴 기린 그림이고 네가 그린 기린 그림은 짧은 기린 그림이다.'의 영어 버전이 바로 Tongue Twisters입니다. 영어 발음의 정확성을 높여 줄 수 있고 짧은 시간에 집중을 유도할 수 있는 간단한 활동입니다. 다음은 Tongue Twisters의 몇 가지 예시입니다. 유튜브에서 'Tongue Twisters'를 검색한 후 속도를 조절해가며 학생들과 함께 따라 해보세요.

Tongue Twisters

A. Peter Piper picked a peck of pickled peppers.
A peck of pickled peppers Peter Piper picked.
If Peter Piper picked a peck of pickled peppers.
Where's the peck of pickled peppers Peter Piper picked?

B. Betty Botter bought some butter.
But she said the butter's bitter.
If I put it in my batter, it will make my batter bitter.
But a bit of better butter will make my batter better.

C. How much wood would a woodchuck chuck if a wood—
chuck could chuck wood?
He would chuck, he would, as much as he could, and
chuck as much wood.
As a woodchuck would if a woodchuck could chuck
wood.

D. She sells seashells by the seashore.

F. How can a clam cram in a clean cream can?

G. I scream, you scream, we all scream for ice cream.

H. I saw Susie sitting in a shoeshine shop.

I. Susie works in a shoeshine shop. Where she shines she
sits, and where she sits she shines.

J. Fuzzy Wuzzy was a bear. Fuzzy Wuzzy had no hair.
Fuzzy Wuzzy wasn't fuzzy, was he?

K. Can you can a can as a canner can can a can?

〈출처: https://www.engvid.com/english-resource/50-tongue-
twiste rs-improve-pronunciation/〉

매주 금요일은 명언데이

영어로 된 명언을 학생들에게 소개하고 그 의미를 알아보는 시간입
니다. 매일 하기보다는 요일을 지정하여 진행하는 것을 추천합니다. 학
생들의 삶에 귀감이 될 만한 짧은 명언들을 선정합니다. 영어 명언을

통해 새로운 단어를 접해볼 수도 있고 인성교육도 할 수 있습니다. 가끔은 단원에서 배우는 내용과 연결되는 명언을 제시할 수도 있습니다. 예를 들면, 외모를 묘사하는 표현을 배우는 단원에서는 "Don't judge a book by its cover."라든지, 비교하는 표현을 배우는 단원에서는 "Don't compare yourself to others." 등과 같은 문장을 사용할 수 있습니다.

명언 검색하기

- 구글 검색어 : Famous Quotes, English Proverbs
- 명언과 감성사진들이 함께 나오는 웹 사이트
  https://www.brainyquote.com/
  - 특정 인물의 명언을 찾고 싶으면 'Authors'에서 검색을 하고, 주제나 소재에서 찾고 싶으면 'Topics'에서 검색하세요.
- 참고도서 《하루 10분, 우리 학생을 위한 영어 명언 100》(이혜선, 김혜진 저, 로그인, 2021)

수업 목표 제시하기

오늘의 수업 목표를 명확하게 확인하여 '지금 배우고 있는 것이 무엇인지'를 학생들이 자각하는 과정은 매우 중요합니다. 영어 교과서의 경우, 대부분 단원명에 그 단원에서 다루는 의사소통기능이 핵심적으로 드러나 있습니다. 칠판에 단원명과 활동을 명시적으로 안내해 주고 오늘 학습이 듣기, 말하기, 읽기, 쓰기 중 어디에 더 초점이 있는지도 알려 주는 것이 좋습니다.

수업에 대한 기대감을 주고, 오늘 배울 것을 확인하는 것은 자기주도학습에 매우 중요한 과정입니다. 우리는 종종 "선생님, 오늘 뭐해요?"라는 질문을 받습니다. 수업의 주체적 참여자로서 '오늘 내가 뭘 하는지 궁금해하는 것'은 학생들의 당연한 질문입니다. 오늘 수업의 목표와 활동을 제시함으로써 학생들의 궁금증을 해소해 주고, 오늘의 수업 내용을 머릿속으로 그려보며 학생들은 스스로 학습 과정을 계획하기도 합니다.

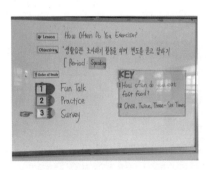

수업 목표 제시하기

선생님을 보세요, 집중구호

집중구호는 학생들의 주의를 환기시키거나 활동 중 다시 교사에게 집중을 해야 할 순간에 주로 사용합니다. 주로 사용하는 주의 집중 구호들을 간략하게 나열하여 소개합니다.

T: Class! Class!
S: Yes! Yes!

T: Look look look at me!
S: Look look look at you!

T: 짝짝(박수 두 번) Eyes on me!
S: 짝짝(박수 두 번) Eyes on you!

T: Attention!
S: Attention! 짝짝짝(박수 세 번)

T: Are you ready?
S: Yes! I'm ready.

T: You did a good job.
S: Everybody, good job.

Tip

3, 4학년의 경우 동작과 구호를 함께 사용하도록 하고, 5, 6학년의 경우 유치하다고 생각하여 어색해할 수 있으므로 구호만 외치도록 한다.

수업 펼치기

한 차시에 활동은 몇 개가 좋을까요?

보통 한 차시는 2~3개의 활동으로 구성합니다. 활동을 구성할 때에는 교과서의 순서를 따라도 되고 재구성을 시도해도 좋습니다. 재구성이 어렵거나 부담스러운 경우에는 교과서 활동의 일부를 변형하여 사용할 수도 있습니다. 꼭 활동이 3개일 필요도 없습니다.

단, 학생들이 실제 소리내어 말을 하거나 의사소통을 해야 하는 활동은 사전에 충분한 연습을 통해 사용할 표현이나 어휘에 익숙해지도록 합니다. 잘 알지 못하는 문장이나 어휘를 사용해야 하는 상황에 학생들은 심리적 부담감을 느끼기 때문입니다. 일단 영어로 의사소통을 시도해 보고 스스로 학습의 필요성을 느껴 필요한 어휘나 문장을 익히게 하는 것도 하나의 방법이 될 수 있으나, 대체적으로는 학생들이 충분히 연습을 한 뒤에 의사소통 기회를 갖는 것이 안정적입니다.

● 활동 1 ~ 2 : 새로운 표현을 제시하거나 연습할 수 있는 활동
● 활동 3 : 본격적으로 스스로 소리내어 말을 해보거나 사용해 보는 활동

수업의 방향을 어떻게 설정해야 할까요?

많은 학생들이 영어교실에 들어오며 "오늘은 무슨 게임해요?"라고 묻습니다. 영어 수업은 '게임을 통해 학습'을 하는 시간이지 '게임'만 하는 시간은 아닙니다. 그런데 이 중요한 사실을 간과한 채 유희에만 치중하는 모습을 종종 볼 수 있습니다. 게임 활동은 학생들이 좀 더 즐겁게, 자신감 있게, 스며들 듯 영어를 학습하게 하는 하나의 도구라는 점을 잊지 마세요.

01 학생들 스스로 자신이 무엇을 배우고 있는지 알게 합니다.

왜 이것을 배우는지, 이런 표현이 언제 사용되는지 등을 알게 해주고 이를 통해 오늘의 학습 목표를 학생들이 스스로 확인하도록 합니다. 이를 위해 학습 목표를 칠판에 명시적으로 적어 두는 것이 좋습니다.

02 운으로 승패가 결정되는 게임보다는 스스로 능력을 발휘할 수 있는 게임을 주로 활용하도록 합니다.

Lotto Game, Mario Game과 같이 운에 의해 점수를 얻는 게임들

은 학생들에게 즉각적인 흥미를 줄 수 있으나 연습단계에서 활용할 것을 추천합니다. 대신 학생들이 학습한 내용을 스스로 확인해 보고 성취감을 경험하게 하는 게임이나 활동을 제안합니다. 자신이 무엇인가를 배우고 있고 성장했다는 느낌을 경험하게 해주는 것은 다음 학습으로의 연결에 중요한 역할을 합니다.

03 수준별 수업을 고려합니다.

학습 수준에 따라 스스로 활동 수준을 조절할 수 있도록 합니다. 위에서 제안한 사항을 고려한 활동을 준비하다 보면 '활동을 어려워하는 학생들은 어떻게 하지?'라는 고민이 생깁니다. 우리가 교사로서 반드시 학생들에게 알려주어야 할 점은 게임의 승패는 크게 의미가 없다는 점과 우리가 게임을 하는 이유가 '영어 학습'에 있다는 점입니다.

또한 영어를 조금 어려워 하는 학생들에게는 교과서를 참고해 문제나 과업을 해결할 수 있도록 창구를 마련해 주고, 반면 영어에 자신감이 있는 있는 친구들은 교과서를 안 보고 도전해 볼 수 있도록 격려합니다. 교과서를 보고 해도 된다고 하면 대부분의 학생들이 교과서에 의존할 것 같지만 '도전해 봐야지.'라는 마음으로 활동에 참여하는 학생들도 꽤 있습니다.

04 생각할 수 있는 꺼리를 제공합니다.

인지적 도전감을 자극할만한 활동이나 게임을 고민해 봐야 할 필요가 있습니다. 너무 쉽거나 너무 운에만 의존하는 게임은 지양합니다. 또한 너무 흥미에만 치우쳐 학생들이 스스로 무엇을 배우고 있는지를 잊게 만드는 활동은 아닌지 점검해 봐야 합니다.

학생들이 생각해 봐야 해결할 수 있는 과업을 제공하는 것을 추천합니다. 영어 학습에 어려움을 갖는 학생들에게 높은 수준의 과업을 주면 힘들어 하지 않을까 하는 걱정도 있겠지만 인지적 부담과 언어적 부담은 분명 차이가 있습니다. 사용하는 표현이나 어휘를 쉽게 설정하고 과업을 해결하는 데 필요한 전략이나 인지적인 부분의 수준을 조금 높여 보는 방향으로 구성합니다.

05 실생활과 연관짓고 **Real English**를 활용할 수 있는 수업을 합니다.

단원에서 배우는 표현이 어떤 상황에서 사용되는지를 학생들이 충분히 고민해 볼 수 있도록 합니다. 의사소통 상황이 결정되면 그 상황에서 더 필요한 표현은 무엇이 있을까를 한국어로 생각해 보는 것도 좋습니다. 유튜브에서 실제 원어민 대화 영상을 검색하여 참고하거나 EBS English(www.ebse.co.kr)의 '올리버쌤의 영어꿀팁' 프로그램을 참고할 수 있습니다. 학생들에게 실제 대화를 소개해 주거나 간단한 수준에서 말해 보는 경험을 통해 실감나는 영어 학습이 가능하며 언어 학습의 본질을 더욱 살릴 수 있습니다. 또한 주어진 정보를 가지고 말하는 활동뿐만 아니라 자신의 의사를 반영한 말하기의 기회를 주는 것도 중요합니다.

06

수업 마무리하기

수업을 마무리할 때는 오늘 배운 것을 한 번 더 정리하는 시간을 갖습니다. 수업을 진행하다 보면 시간에 쫓겨 정리 활동을 생략하는 경우도 더러 있습니다. "오늘은 일정을 묻고 답하는 표현을 배웠어요." 혹은 "What did you learn today?(오늘은 무엇을 배웠나요?)"라는 발문(질문을 받은 사람이 스스로 다양한 사고를 하면서 답을 찾을 수 있도록 유도하는 질문)을 통해 학생들은 그날의 수업을 정리해 보며 배운 내용을 상기할 수 있습니다. 아래에는 수업을 마무리하는 여러 방법을 소개합니다.

마임Mime으로 표현하기

수업 시간에 배운 다양한 어휘 및 어구들을 동작으로 표현해 보는 활동입니다. 수업 마무리 즈음에 교사가 직접 마임으로 보여주고 해당 어휘를 학생들이 맞혀봅니다. 예를 들어, 다양한 스포츠의 이름을 배웠다면 야구하는 동작, 농구하는 동작, 테니스 치는 동작 등을 보여주고 학생들이 맞혀보는 것입니다. 또는 일과를 말하는 단원이었다면 책 읽기, TV보기, 숙제하기 등을 동작으로 보여줄 수 있습니다. 1~2차시에는 교사가 동작을 하지만 3~4차시로 진행할수록 학생이 교사의 역할을 대신해 볼 수도 있습니다.

Magic Key 활용하기

매 시간 학생들이 꼭 외워야 하는 표현을 매직 키Magic Key로 정합니다. 매직 키는 단어가 될 때도 있고 문장이 될 때도 있습니다. 1~2차시에 교과서의 핵심 단어와 문장을 말하는 것을 주로 연습하였다면 3~6차시에는 단어의 철자 외워서 말하기, 패턴 바꾸기 등의 방법으로 응용합니다. 수업이 끝나고 교실로 돌아갈 때 매직 키를 말해야 영어교실을 나갈 수 있게 합니다. 매직키 문장 말하기는 수업을 마치고 교사가 개별 학생들의 말하기를 확인한다는 점에서도 유용하지만, 수업 전체의 과정에서 학생들이 핵심 키워드를 상기하며 수업을 들을 수 있도록 도와줍니다.

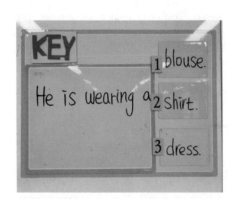

Magic Key 활용 예시

Self-Evaluation 활용하기

Self-Evaluation(자기 평가지)을 제작하여 활용해 보세요. 매 차시 학생들은 수업 마무리에 자신의 수업 태도와 학습한 정도를 점검합니다. 매 시간 스스로의 학습을 점검해 보는 것은 학생들의 학습 태도 및 성장에 긍정적인 영향을 줍니다. 교사는 자기평가지를 제작하는 과정에서 한 단원의 지도 계획을 체계적으로 세워볼 수 있는 기회를 갖게 되기도 합니다.

〈 자기 평가지 예시 〉

※ 다음은 차시별 수업목표입니다. 자신이 수업 중 활동한 것에 맞게 ○표 하세요.

차시	목표			
1 차 시	날짜를 묻고 답하는 말을 할 수 있다. (Listen and Mark)	4~5개	1~3개	못함
	눈치 게임에 적극적으로 참여하였다.	열심히	대체로	못함
2 차 시	날짜를 나타내는 다양한 단어 중 예외를 알 수 있다.	정확하게	대체로	못함
	Card Swap 게임을 하며 날짜를 말하는 표현을 연습했다.	열심히	대체로	못함
3 차 시	12달의 이름을 모두 읽고 쓸 수 있다.	9~12개	5~8개	4개 이하
	Running Dictation에서 자신의 역할에 최선을 다했다.	적극적으로	대체로	못함
4 차 시	지역 축제에 관한 이야기를 읽고 이해했다.	완벽하게	대체로	못함
	다양한 축제 팜플렛을 보고 영어로 바꾸었다.	모든 정보	약간의 정보	못함
5 차 시	Ready to Write를 해결하였다.	12~16개	7~11개	6개 이하
	우리 지역 축제 포스터를 만들었다.	적극적으로	대체로	못함
6 차 시	5차시에 만든 축제 포스터를 가지고 축제 홍보 발표를 하였다.	창의적으로	대체로	못함
	친구들을 초대하고 자신이 참여하고 싶은 축제의 정보를 작성할 수 있다.	정확하게	대체로	못함

07

영어교실 나가기

교사는 학생들이 영어교실에 들어오는 순간부터 나갈 때까지 사소한 것 하나까지도 모두 수업의 연장으로 봐야 합니다. 다음 학급의 학생들을 위해 사용한 교실을 정리하고 책걸상을 반듯하게 하기, 선생님께 인사하기 등의 기본적인 매너를 가르치는 것도 수업의 일부입니다.

교사는 수업이 끝났음을 알리고 수업을 마무리하는 신호를 주어야 합니다. 수업은 자유롭고 유연하게 흘러가되, 수업의 시작과 마무리는 학생들이 매일 따라할 수 있는 간단한 루틴을 정해 보세요. 다양한 영어 표현도 배우고 수업도 의미있게 마무리 할 수 있는 방법을 소개합니다.

4 Steps to Line Up

교사의 구령에 맞춰 학생들은 4단계로 교실을 나설 준비를 합니다. 다음의 대화문을 살펴보세요.

4 Steps

교사 : Step 1!
학생 : (발을 한쪽씩 구르며) 빠밤!
교사 : Grab your book and pencil case.
학생 : (책상 위의 자기 소지품을 모두 정리하여 품에 안는다.)

Step 2

교사 : Step 2!
학생 : (발을 한쪽씩 구르며) 빠밤!
교사 : Stand and push in your chairs.
학생 : (일어나며 의자를 책상 안으로 넣는다.)

Step 3

교사 : Step 3!
학생 : (발을 한쪽씩 구르며) 빠밤!
교사 : Look at the teachers.
학생 : (선생님을 바라본다.)

Step 4

교사 : Step 4!
학생 : (발을 한쪽씩 구르며) 빠밤!
교사 : Say good bye and make a line.
학생 : Good bye. (줄 선다.)

신나게 노래 부르며 율동하며 줄서기

3~4학년 학생들이라면 'Line Up' 음악을 틀어주는 것도 좋습니다. 'Go noodle'(https://www.gonoodle.com/)에는 몸을 움직여 학생들의 뇌를 자극하고 학습을 돕는 다양한 자료들이 있습니다. 이 사이트의 'Activities & Routines - Class Routine'에는 교실에서 활용 가능한 여러 루틴들을 신나는 노래와 율동으로 표현한 영상들도 소개되어 있습니다. 점심시간, 청소시간, 줄 서는 시간 등이 있는데 영어교실에서는 줄 서는 'Line Up' 영상을 활용해 보세요. 동영상 속 율동과 노래를 따라하다 보면 자연스럽게 줄을 서게 되고 영어도 동시에 학습할 수 있습니다. 꼭 Go noodle 사이트가 아니어도 유튜브에서 'Line Up'을 검색하면 비슷한 주제의 영상을 찾을 수 있습니다.

한 단원One Lesson
루틴

각 단원 별로 보통 4~7차시에 걸쳐 수업을 구성합니다. 이때 듣기－말하기－읽기－쓰기 순서로 단원을 구성하는 것이 학생들의 의사소통 능력을 향상시키는 데 효과적입니다. 단원 활동에 필요한 주요 어휘를 학습한 후에는 듣기와 말하기(음성언어)에서 읽기, 쓰기(문자언어)로 활동을 확장시킵니다. 단원을 마친 후에는 정리활동이나 프로젝트를 진행해 보시는 것을 추천합니다.

☑ 어휘 활동Vocabulary Activities

☑ 듣기 활동Listening Activities

☑ 말하기 활동Speaking Activities

☑ 읽기 활동Reading Activities

☑ 쓰기 활동Writing Activities

☑ 정리 활동Review Activities

☑ 프로젝트 활동Project Activities

어휘 활동
Vocabulary Activities

한 단원 루틴은 각 단원의 주요 어휘를 학습하는 것부터 시작합니다. 각 단원에 필요한 핵심 어휘만 완벽하게 알고 넘어가도 반은 성공한 셈입니다. 단어를 학습하다 보면 이번 단원에서 주로 사용될 문장이나 상황을 자연스럽게 유추해 볼 수 있습니다. 이때 각 단어와 관련된 정확한 발음, 관련된 다른 단어(발음이 비슷한 단어(bad / bed), 반의어(short / long), 단어의 유래, 이번 단원에서 활용되는 문장 등을 함께 소개하면 좋습니다.

단어를 학습하는 경우도 듣기 – 말하기 – 읽기 – 쓰기의 순서를 적용하면 효과적인 학습이 될 수 있습니다. 본 챕터에서는 단어를 소개하고 따라 읽는 것부터 학습한 단어를 활용할 수 있는 활동까지 소개합니다.

그라운드게임Ground Game   난이도 : ★ ☆ ☆

준 비 물	단어목록, 색연필
활동방법	짝활동

교사가 불러주는 단어를 찾아보는 활동으로, 단어 듣기 연습에 효과적인 활동입니다.

 How to play

① 하나의 학습지를 두 학생 가운데 둔다.
② 각자 색이 다른 색연필을 이용해 교사가 불러주는 단어를 먼저 찾아 표시한다.
③ 더 많은 단어를 표시한 학생이 이긴다.

excuse me	hospital	straight	police station	excuse me
post office	post office	left	turn	hospital
block	excuse me	corner	pond	police station
turn	straight	garden	block	turn
police station	restaurant	turn	excuse me	hospital
straight	corner	garden	block	post office
garden	excuse me	post office	hospital	straight
left	pond	block	turn	pond
pond	straight	police station	restaurant	restaurant
block	police station	left	restaurant	post office
garden	corner	pond	corner	left
corner	restaurant	left	hospital	garden

학습지의 예시

Tip

– 같은 수준의 학생들끼리 한 팀이 되도록 한다.

– 한 학습지에 동일한 단어는 3～5회 반복하여 제시하고, 표 전체에 고르게 분산시킨다.

– 활동이 익숙해지면 학생이 단어를 부르도록 한다.

변형게임 : 단어 때리기

● 준비물 : 티볼 방망이 (또는 파리채), 플라잉 디스크 타깃(또는 칠판에 단어 붙이

기로 대체)

두 팀으로 나누어 교사가 부르는 단어를 먼저 방망이로 때리는 팀이 승리하는 활동입니다.

① 플라잉 디스크 타깃에 단어를 붙인다.
② 학생들을 두 팀으로 나누어 팀에서 한 팀씩 플라잉 디스크 타깃 좌우에 서게 한다.
③ 교사가 부르는 단어를 먼저 방망이로 때리는 사람이 이긴다.
④ 이긴 학생이 많은 팀이 승리한다.

활동의 예시

단어 땅따먹기   난이도 : ★ ★ ☆

준비물	보드판, 말
활동방법	짝활동

게임 보드의 단어를 소리 내어 읽고 뜻을 말하는 활동입니다.

 How to Play

① 학생은 자신의 말을 각자의 출발점에 둔다.
② 손가락을 튕겨 말이 들어간 칸의 단어를 소리 내어 읽는다.(뜻이 쓰여 있는 경우는 영어 단어로 읽기)
③ 정확하게 단어를 읽었다면 그 칸을 자신의 영역으로 표시한다.
④ 상대방의 칸에 자신의 말이 들어갔다면 다음 사람에게 차례가 넘어간다.
⑤ 가장 많은 칸을 차지한 학생이 승리한다.

발사 shoot	where	테이프	desk	모자	wall	chair	bed	어디에	발사 shoot
	의자	모자	under	in	where	tape	책상	cap	
	on	table	어디에	~위에	테이프	의자	table	know	
	cap	벽	침대	bed	tape	wall	in	desk	
	의자	어디에	on	~아래에	chair	~위에	under	침대	
	침대	탁자	책상	in	벽	bed	책상	on	
	탁자	know	tape	~안에	wall	~아래에	탁자	cap	
	desk	~안에	~아래에	chair	table	모자	under	table	
				발사 shoot					

활동 보드판의 예시

Tip

– 클리어파일 속이나, L자 파일을 이용하면 여러 번 활용할 수 있다. 이 때에는 보드마카를 이용하여 자신의 영역을 표시한다.

 메모리 게임Memory Game 난이도 : ★ ★ ★

준 비 물	PPT
활동방법	전체활동

화면에 보여주는 단어(표현)를 순서대로 기억하는 게임입니다. 단원의 주요 단어(표현)에 집중하도록 하는 데 효과적입니다.

 How to Play

① 화면에 단어를 연상시키는 그림을 5~7개 정도 제시한다.
② 교사는 그림을 손으로 짚으며 차례대로 선택한다.
③ 학생들은 순서대로 그림을 기억한 후 순서에 맞게 영어 단어를 말한다.

예시	Level 1	Level 2	Level 3
교사	2개의 그림 차례로 선택 ex) ♥ – ★	3개의 그림 차례로 선택 ex) △ – ○ – □	4개의 그림 차례로 선택 ex) ○ – ♥ – △ – □
	5초 후 그림을 가리고		
학생	heart – star 라고 말하기	triangle – circle – square 라고 말하기	circle – heart – triangle – square 라고 말하기

변형게임 : 시장에 가면

① 단어 리스트를 10개 정도 제시한다.
② 모둠별 혹은 전체 활동으로, 첫 번째 학생부터 단어를 하나씩 추가하여 말
  하도록 한다.

"3단원에는 breakfast도 있고~"로 시작하여 순차적으로 단어를 하
나씩 추가하여 말하도록 하는 활동입니다.

스택워드Stack Words

난이도 : ★★★

준 비 물	단어카드, 목록카드
활동방법	모둠활동

소프트웨어 게임인 'Stack Burger'를 변형한 게임입니다. 학생들은 목
록에 적힌 단어의 순서대로 책상 위의 단어 카드를 뒤집어야 합니다.

 How to Play

① 학생들의 책상 위에 단어가 보이지 않도록 단어 카드를 뒤집어 펼쳐 놓는다.
② 단어카드 옆쪽에 한 장의 목록카드만 보이도록 놓는다.
③ 순서를 정하고 자신의 차례가 오면 단어카드를 한 장씩 뒤집으며 확인한 후
  다시 원래 위치에 놓는다.
④ 목록카드의 순서대로 단어카드를 뒤집을 수 있도록 파악이 되었다면 '도전!'
  을 외친다.

⑤ 목록카드의 순서에 맞게 차례대로 단어카드를 뒤집는다.
⑥ 성공하면 목록카드를 가져가고, 새로운 목록카드로 활동을 이어간다.
⑦ 가장 많은 목록 카드를 모은 학생이 승리한다.

단어카드와 목록카드의 예시

 Tip

– 단어카드를 뒤집으며 해당 단어를 소리 내어 읽도록 한다.
– 수준을 조절하기 위해 목록 카드를 두 장 이상 펼쳐 놓고 게임을 진행
할 수 있다.

 매칭카드Match the Cards   **난이도 : ★★★**

준 비 물	단어카드, 목록카드
활동방법	모둠활동

단어카드와 그림카드를 맞추는 게임입니다. 모둠(짝)활동으로 카드

를 이용할 수도 있고, PPT나 플래쉬 자료를 활용하여 전체 활동으로 진행할 수도 있습니다.

How to Play

① 모둠별로 한 세트의 빈 카드용지(16장)를 주고, 모둠원(4명)이 같은 분량(4장씩)으로 나누어 갖는다.
② 각자 한 장의 카드에는 단어를 쓰고 다른 한 장의 카드에는 그림을 그린다.
③ 모둠원의 카드를 모두 모은 후, 섞어서 그림이나 단어가 보이지 않도록 뒤집어 놓는다.
④ 순서를 정한 후 카드를 2장씩 뒤집어본다.
⑤ 그림과 카드가 매칭이 되면 해당 카드 세트를 가져가고, 그렇지 않으면 다시 뒤집어 놓는다.
⑥ 카드를 가장 많이 가지고 있는 학생이 승리한다.

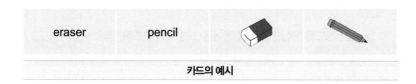

카드의 예시

Tip

– 모둠 간에 만든 카드를 서로 교체하여 게임을 진행할 수 있다.

– 카드를 뒤집거나 가져갈 때 해당 표현을 소리 내어 말하도록 한다.

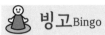 빙고Bingo

난이도 : ★ ★ ☆

준 비 물	빙고판
활동방법	개별활동

종이와 연필만으로도 언제 어디서든 활용 가능한 활동으로, 다양한
활동에 고루 활용이 가능합니다.

 How to Play

① 가로·세로 4~5칸의 표가 있는 빙고판을 준비한다.
② 표를 단어로 자유롭게 채운다.
③ 학생들이 돌아가며 한 단어씩 외친다.
④ 가로·세로·대각선으로 목표 개수의 연속된 줄을 완성하면 '빙고!'라고 외
친다.

> **Tip**
>
> – T 모양, I 모양, H 모양 등으로 완성 모양을 변경할 수 있다.

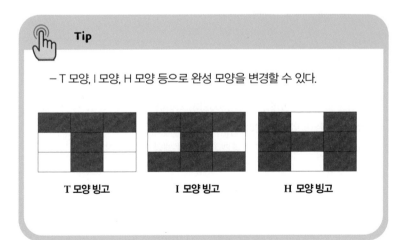

T 모양 빙고　　　　　I 모양 빙고　　　　　H 모양 빙고

① 띠모양 표가 있는 종이에 단어를 적는다.
② 학생들은 돌아가며 한 단어씩 외친다.
③ 띠의 가장 바깥쪽의 단어가 나오면 그 부분을 찢거나 X 표시를 한다.(사이에 낀 단어는 제거할 수 없다.)
④ 가장 먼저 모든 단어를 제거한 사람이 승리한다.

 행맨Hangman

난이도 : ★★★

준 비 물	단어목록, 보드
활동방법	전체활동

 미지의 단어를 알파벳 철자를 조합하여 맞추는 게임입니다. 단어학습 시 정확하게 철자를 확인하는 활동으로 적합합니다.

 How to Play

① 단어의 철자 개수만큼 빈 칸을 제시하며 시작한다.
② 학생들은 돌아가며 알파벳을 하나씩 외친다.
③ 해당 단어에 학생이 외친 알파벳이 있다면 해당 자리에 알파벳을 적고, 포함되지 않을 경우 행맨을 1단계씩 그린다.
④ 단어의 철자를 먼저 모두 맞춘 사람이 승리한다.(행맨이 먼저 완성되면 실패한다.)

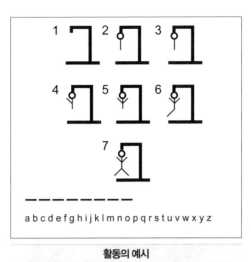

활동의 예시

Tip

– 행맨 온라인 사이트 : www.hangmanwords.com

 색깔 접시를 들어라Color Up　　　**난이도 : ★★★**

준 비 물	색접시, 단어자료
활동방법	전체(짝)활동

 색깔을 나타내는 단어를 읽고, 해당 색의 접시를 들며 소리 내어 읽는 활동입니다.

How to Play

① 한 사람 당 2~3개의 색 접시를 나누어 가진다.
② 한 사람은 화면에 표시된 색을 읽고 다른 사람은 단어를 듣고 해당 색 접시를 들어올린다.
③ 단어는 한 번에 1개의 단어를 말할 수도 있고, 여러 개의 단어를 연속으로 말할 수도 있다.

활동의 예시

Tip

– 제시된 단어를 동시에 읽으면 듣는 사람에게 명확하게 전달되지 않으므로, 또박또박 한 단어씩 순서대로 읽어야 한다.
– 색깔 이외에도 접시에 다른 주제의 단어를 붙여 활용할 수 있다.

 콘홀Cornhole   난이도 : ★☆☆

준 비 물	스포츠스택스, 콩주머니, 바나나그램스
활동방법	모둠활동

단어의 읽기와 쓰기를 동시에 할 수 있는 활동으로, 새로운 어휘의 연습과 복습에 유용한 활동입니다.

How to Play

① 각 모둠에 바나나그램 조각(169쪽 참고)을 나누어 준다.
② 교사가 부르는 단어를 바나나그램 알파벳 조각으로 맞춘다.
③ 단어가 완성되면 모둠원이 큰 소리로 읽고, 해당 단어 바구니에 콩주머니를 던진다.
④ 제한 시간을 1분~1분 30초 정도로 하고, 단어 완성과 콩주머니 던지는 것 까지 제한 시간 안에 완료하면 점수를 얻는다.

활동의 예시

Tip

– 단어뿐만 아니라 문장으로 난이도를 높이며 활동을 확장한다.

– 콩주머니를 던질 때, 반드시 해당 단어를 소리 내어 외치도록 한다.

4 그림 1 단어 4 Pics 1 Word

난이도 : ★☆☆

준 비 물	PPT
활동방법	개별활동

새로운 단어를 학습하거나 복습할 때 활용할 수 있는 활동이며, 온라인 어플리케이션을 이용하면 평소에 영어 단어 학습을 위해 활용할 수 있습니다.

 How to Play

① 한 가지 단어를 유추할 수 있는 그림 3~4개를 제시한다.
② 해당 단어의 철자 개수 만큼 □를 제시해 힌트로 활용한다.
③ 그림과 철자 개수를 통해 해당 단어를 유추하여 적는다.

활동의 예시

 Tip

– 그림 대신 알파벳을 조합하는 방식으로 활동을 변형할 수 있다.

– 어플리케이션 : 4 Pics 1 Word

단어 사냥 Scavenger Hunt

난이도 : ★ ★ ☆

준 비 물	단어목록, 카메라, 타이머
활동방법	개별(모둠)활동

학습한 어휘를 실제 생활에 적용해 보는 활동으로, 교실에서 학습한 단어를 우리 주변에서 찾아 사진으로 찍는 활동입니다.

 How to Play

① 미션을 실행할 모둠을 구성한다.
② 각 모둠은 단어목록을 가지고 활동을 시작한다.
③ 제한 시간 동안 목록에 있는 단어들을 생활 주변에서 찾아 사진으로 찍는다.
④ 교실로 돌아와 학급에서 함께 공유하며 단어를 확인한다.

today's challenge	Take 9 pictures in 30 minutes.	
A dog	A red bag	A candle
An apple	An apple	A bike
2 pencils	3 flowers	3 books

미션 단어 목록의 예시

 Tip

– 학생들에게 영어 단어만을 제공하도록 하고, 그림 등 단어의 의미를 유추할 수 있는 자료는 제공하지 않는다.
– 활동 후 찍은 사진을 단어 사전으로 만들어 지속적으로 활용할 수 있다.

듣기 활동
Listening Activities

단원의 도입부인 1~2차시에 적용할만한 활동들로는 듣기활동이 있습니다. 이를 통해 학생들은 새로운 표현에 조금 더 익숙해지고 스스로 소리내어 말할 준비를 할 수 있습니다. 따라서 대부분 연습에 초점이 맞춰져 있으며 단어부터 문장 수준까지 다양한 듣기 활동이 있습니다.

비교적 쉽다고 생각되는 듣기 활동이라도 목표 표현에 익숙하지 않다면 학생들의 참여가 어려울 수 있습니다. 충분한 연습 활동을 통해 학생들이 활동에 참여할 준비를 할 수 있도록 도와줍니다. 구문과 상황에 맞춰 사용할 수 있는 다양한 활동들을 제시하니, 선생님의 선호와 각 교실 상황에 맞게 활용해 보세요.

 챈트Chant DDR   난이도 : ★☆☆

준 비 물	음원, 학습지
활동방법	개별활동

교과서의 챈트를 DDR 게임에서 박자에 맞춰 발을 구르는 것처럼 발 대신 손가락을 짚어가며 해당하는 가사를 부르는 활동입니다.

How to Play

① 챈트 가사를 단어 단위의 표로 정리한 학습지를 준비한다.
② 음원을 들으며 나오는 단어를 손가락으로 짚는다.
③ 음원의 재생 속도를 점점 높여 난이도를 높인다.

Chant and Do - Finger DDR
챈트를 들으면서 알맞은 단어를 손가락으로 짚으세요.

book 책	pencil 연필	ruler 자	♥
Yes	do	you	glue stick 풀
I	have	a	map 지도
No	don't	an	eraser 지우개

학습지의 예시

Tip

– 음원의 재생 속도를 높여가면서 DDR이 익숙해지면 큰 화면을 이용해 대결해 볼 수 있다.

금고를 열어라   난이도 : ★ ★ ☆

준 비 물	PPT
활동방법	개별활동

문장을 듣고 해당하는 그림의 번호를 써서 암호를 해독하여 문제를 해결하는 활동입니다.

 How to Play

① 중심 표현과 관련된 그림을 준비하고 각각의 그림에 번호를 매긴다.
② 교사는 5개의 문장을 2번씩 반복하여 말하고, 학생들은 교사가 말한 문장과 관련된 그림의 번호를 1개씩 적어 5개의 코드를 만든다.

 Tip

– 교사가 말하는 속도를 조절하여 학생들의 집중도를 높일 수 있다.
– 그림에 제시되지 않은 문장은 0으로 코드를 만들 수 있다.

 닌자어택 Ninja Attack   난이도 : ★ ★ ☆

준 비 물	PPT
활동방법	개별활동

질문을 주고받으며 대화문의 듣기 연습을 하는 활동으로, 다양한

문장을 활용하여 듣기 연습을 반복할 수 있습니다.

 **How to Play**

① 학생들은 학습지에 닌자 5명을 랜덤으로 그린다.
② 학생들은 돌아가며 질문을 하고, 교사는 학생의 질문에 대하여 학습지 내용 중 한 가지 대답을 한다.
③ 이때 질문은 학습지의 가로와 세로 부분의 응답을 번갈아 할 수 있는 질문으로 한다.
④ 두 번의 질문과 대답을 통해 해당 칸의 닌자를 제거한다.
⑤ 질문을 반복하여 가장 많은 닌자가 살아남은 학생이 승리한다.

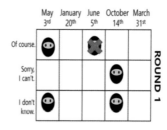

예) Students : When is the club festival / birthday party?
   Teacher : It's on _____.
   Students : Can you come to the festival / party?
   Teacher : _____.

 Tip

   – 활동 종료 시 정확하게 들었는지 스스로 확인하게 하기 위하여 X가 표시되어 있는 부분을 공유하여 정답을 확인하도록 한다.
   – 교사와 학생의 역할을 바꾸어 활동을 진행해도 좋다.

랜덤 주사위 Crazy Cube　　　　　　　난이도 : ★★★

준 비 물	주사위 템플릿, 풀, 가위, 테이프
활동방법	모둠활동

주사위를 굴려 뽑은 단어를 가지고 문장을 만드는 활동으로, 전치사 학습에 활용할 수 있습니다.

 **How to Play**

① 3명이 한 모둠을 만들고, 모둠별로 주사위 템플릿을 2장씩 나눠준다.
② 각 모둠에서 2명의 학생이 주사위를 하나씩 굴려 장소와 위치를 나타내는 문장을 완성한다.
③ 나머지 1명의 학생은 만들어진 문장을 읽고 해당 위치에 물건을 가져다 놓는다.
④ 문장을 올바르게 읽고 정확히 행동하면 점수를 얻는다.

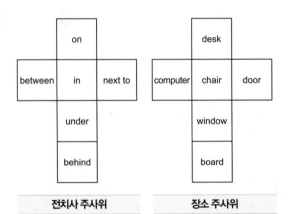

전치사 주사위　　　　　　　　장소 주사위

예) on, computer라는 단어가 나온 경우
　　지시문 : It's on the computer.
　　행동 : (물건을 컴퓨터 위에 가져다 놓는다.)

두더지의 생일

준 비 물	학습지
활동방법	전체(개별)활동

열두 달 노래를 들으며 자신의 생일이 있는 달에 자리에서 일어나는 활동으로, 동시에 친구들의 생일이 있는 달을 적는 활동입니다.

How to Play

① 열두 달 노래를 익힌다.
② 노래를 부르며 자신의 생일이 있는 달이 노래에 등장하면 제자리에서 빠르게 일어났다가 앉는다.
③ 노래를 부르는 과정에서 친구들을 관찰하며, 해당하는 달에 자리에서 일어난 친구의 이름을 적는다.
④ 노래를 여러 번 반복하며 우리 반 친구들의 생일 달을 모두 적는다.

Tip

- 자신의 생일 달과 친구의 생일 달을 모두 듣고 활동해야 하므로 상당한 집중력이 필요한 활동이다.
- 12달 뿐만 아니라 숫자, 서수序數, 단어 등으로 확장하여 활동할 수 있다.
- 학습지 활동이 끝나면 노래의 속도를 빠르게 조절하여 자신의 생일에 자리에서 일어나게 하면 마치 두더지게임의 한 장면처럼 보여 학생들의 흥미를 높일 수 있다.

Let's Draw 난이도 : ★★★

준 비 물	화이트보드(A4용지), 색연필
활동방법	개별활동

　교사가 들려주는 문장을 학생들이 그림으로 나타내는 활동으로, 지시표현이나 묘사하는 표현의 학습활동에 활용할 수 있습니다.

 How to Play

① 학생들은 각자 그림을 그릴 수 있는 화이트보드나 A4용지를 준비한다.
② 교사는 장면이나 인물의 생김새를 나타내는 문장을 하나씩 불러준다.
③ 학생들은 교사의 문장을 듣고 그림으로 그린다.
④ 그림을 다 그린 후 교사가 설명한 그림과 학생이 그린 그림을 비교해 본다.

◈ 변형게임 : 눈 가리고 그리기

　학생들은 클립보드에 A4용지를 끼우고 이마 위에 올린 상태에서 교사가 불러주는 문장에 맞는 그림을 보지 않고 그린 후 서로의 그림을 확인하는 게임

카훗Kahoot　　　　　　　　　　　　　　　　　　난이도 : ★ ★ ☆

준 비 물	태블릿 PC(또는 컴퓨터)
활동방법	개별활동

교사가 문제를 읽어주고, 학생들은 실시간 온라인으로 문제를 맞추는 활동입니다.

 How to Play

① 교사가 사전에 카훗Kahoot 사이트에 교사용으로 가입한다.
② 회원가입 후, 문제를 제작한다.(create)
③ 다른 사람이 만들어놓은 문제를 활용할 수도 있다.(discover)
④ 문제 입력, 시간 설정 등을 한다.
⑤ 퀴즈 제작을 완료하고 실행하면 나오는 핀 번호를 학생들에게 태블릿 PC와 함께 제공한다.
⑥ 학생들은 카훗 페이지에 접속한 후, 상단의 play에 핀번호를 입력하고 게임에 참여한다.

 Tip

– 카훗 사이트 : https://kahoot.com
– 다양한 타입의 퀴즈 형식을 선택하고 싶다면 유료결제를 할 수 있으나, 기본적인 퀴즈 게임은 무료로 사용할 수 있다.

말하기 활동
Speaking Activities

말하기 활동은 단순히 그림이나 문장을 보고 말하는 활동에서, 활동 속 상황에 맞춰 배운 문장 활용하기, 마지막으로 배운 문장을 학생들의 실생활에서 활용해 보는 활동으로 점차 확장합니다.

첫 번째 수준인 보여지는 영어나 그림을 보고 말하는 활동은 말하기 초기의 활동으로 주요 문장을 여러 번 반복할 수 있는 말하기 활동입니다. 패턴 연습에 게임적인 요소를 가미하여 즐겁게 활동을 하며 자연스럽게 발화의 기회를 제공합니다.

두 번째 수준인 배운 문장을 활동에서 활용하기는 배운 문장을 적용하는 단계로 학생들은 문제를 해결하기 위하여 배운 문장을 활동 상황에 맞추어 선택하여 말합니다.

마지막은 학습한 문장을 활용하여 실생활의 것을 소개하고 설명하는 단계로 나의 소개, 우리 동네, 나의 경험 등 실제 상황을 바탕으로 말하기 활동을 합니다.

스피너게임

준 비 물	학습지, 돌림판 화살표, 가위
활동방법	짝(모둠)활동

말하기 연습에 응용할 수 있는 게임입니다. 짝 혹은 모둠원과 함께 배운 문장을 말할 수 있는 활동입니다.

 How to Play

① 짝(모둠)은 가위바위보로 말하기 순서를 정한다.
② 스피너 돌림판을 순서대로 돌리고, 그림에 맞는 문장을 영어로 말한다.
③ 문장을 정확히 말하면 점수를 얻는데, 이때 그림과 함께 적혀있는 숫자가 자신의 점수가 된다.

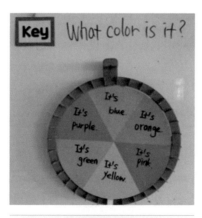

활동의 예시

 Heads Up, 7 Up!　　　　　　　　**난이도 : ★ ★ ★**

준 비 물	단어카드
활동방법	전체활동

　Yes, No로 대답할 수 있는 문장 등에 좋은 활동으로, 엎드린 상태에
서 자신의 손가락을 터치한 친구를 맞추는 게임입니다.

 How to Play

① Picker로 뽑힌 7명의 학생이 교실 앞에 선다.
② 나머지 학생들은 책상에 엎드려 눈을 가린 채로 엄지손가락을 세운다.
③ 7명의 Picker는 조용히 친구들에게 다가가서 각자 학생 한 명의 엄지손가락을
터치한다.

④ Picker는 단어 카드를 들고 교실 앞에 다시 선다.

⑤ 선생님이 "Heads Up"이라고 외치면 학생들은 고개를 든다.

⑥ 엄지가 터치된 학생들은 자리에서 일어난다.

⑦ 자신의 손가락을 터치했을 것 같은 Picker가 들고 있는 단어를 활용하여 질문을 던진다.

⑧ Picker는 해당 학생을 터치했다면 긍정의 대답을, 그렇지 않으면 부정으로 대답을 한다.

⑨ 자신의 Picker를 맞춘 학생은 앞으로 나와 다음 Picker가 되며, 틀린 학생은 제자리에 앉는다.

> • Can you (jump / dance / run……)?
>   – (O) Yes, I can / (X) No, I can't.
>
> • Can you come to the (music festival / birthday party / book festival……)?
>   – (O) Sure, I can. / (X) Sorry, I can't.
>
> • Are you (happy / sad / angry……)?
>   – (O) Yes, I am. / (X) No, I'm not.

활용 구문의 예시

Tip

– 모든 학생들이 Picker의 기회를 한 번씩 가질 수 있도록 하기 위해 한 번 Picker를 했던 사람은 다시 Picker를 할 수 없도록 하는 제한을 둔다.

Forehead Sentence Game

난이도 : ★★★

준 비 물	작은 문장카드
활동방법	전체활동

자신의 이마에 붙어있는 카드가 무엇인지 친구들에게 질문하며 맞추는 활동입니다.

 How to Play

① 교사는 학생들의 이마에 카드를 한 장씩 붙여준다.(이마에 카드를 올려 손으로 잡고 있기도 가능)
② 학생들은 교실을 돌아다니며 자신의 카드라고 생각하는 문장을 친구에게 말한다.
③ 만약 이마의 문장을 이야기했다면 긍정의 대답을, 다른 문장을 이야기했다면 부정의 대답을 한다.
④ 맞았을 때의 대답과 틀렸을 때의 대답을 사전에 규칙으로서 정하도록 한다.
④ 자신의 카드를 맞춘 학생은 교사에게 카드를 확인하고 새 카드를 붙이고 게임을 이어간다.

- I have a cold. / I have a runny nose. / I have a stomachache……
  - (O) Get some rest. / (X) Take this medicine.

- Is this your bag? / Is this your hat? / Is this your pencil?……
  - (O) Yes, it is. / (X) No, it isn't.

활용 구문의 예시

Tip

– 규칙을 잘 지켜서 활동해야 목표 문장을 반복하여 연습할 수 있다.

– 문장을 많이 맞추려 하기보다는 규칙을 지켜 최대한 많은 문장을 여러 번 말해 보도록 하는 것이 목적인 활동임을 반드시 주지시킨다.

 My City   난이도 : ★★★

준 비 물	우드블록, 하드보드지, 색연필, 사인펜
활동방법	모둠활동

　블록을 이용해 도시를 만들어 보는 활동으로, 건물 이름 말하기(학교, 병원 등), 길 묻고 답하기, 도시 만들고 소개하기 등 다양한 주제에 활용할 수 있습니다.

 How to Play

① 주제를 정하고 모둠별로 블록을 이용해 도시를 만든다.

② 건물이 실제와 똑같을 필요는 없고 도시를 만드는 과정에서 위치, 크기, 세우는 형태, 겹치기 등의 방법으로 다양한 형태의 건물을 짓는다.

③ 우드블록에 포스트잇이나 견출지를 활용하여 건물의 이름을 영어로 쓰면 쓰기 활동으로 확장할 수 있다.

④ 출발 위치를 정하고 여러 장소를 찾아가는 길을 영어로 말하는 활동을 할 수 있다.

Tip

– 만들기 활동이 반드시 말하기 활동으로 이어지도록 해야 의미 있는
활동이 되므로 만든 도시를 모둠 내, 모둠 간 교류하도록 한다.(사진으로
설명하기, 모둠원이 순회하며 참관하기 등)

 인터뷰Interview

난이도 : ★ ★ ★

준 비 물	학습지, 클립보드
활동방법	전체활동

학생들이 서로에게 질문하고 그 대답을 적는 활동입니다. 활동을
계획할 때 가상의 상황이나 주어진 문장의 반복 연습이 아닌 최대한
자신의 이야기를 할 수 있도록 하는 질문을 사용하면 실제적인 의사소
통을 할 수 있습니다.

 How to Play

① 인터뷰에서 질문할 내용들을 연습한다.
② 학습지를 나누어주고 주어진 질문에 자신의 답을 적는다.
③ 친구들에게 같은 질문을 하고 그 답을 적는다.
④ 다시 자리로 돌아와 앉고 릴레이로 발표한다.

- What do you do on weekends?
- What's your favorite color?
- What time do you go to bed?
- What will you do this summer?
- When is your birthday?

다음 질문에 답해 봅시다.

Q : What do you do on weekends?
A : _____

친구들과 인터뷰를 하며 친구들이 주말에 무슨 일을 하는지 적어봅시다.

NAME	What do you do on weekends?

활용 구문 및 학습지 예시

Tip

- 인터뷰해야 하는 학생의 인원수를 정해주도록 한다.
- 사전에 활동 규칙을 명확히 해주어 단순히 답을 옮겨 적기만 하는 행동을 하지 않도록 한다.
- 단어로 대답할 수 있는 질문(생일, 장래희망)들은 친구의 답과 이름을 빙고 칸에 적어 인터뷰 활동 후 빙고게임으로 활용할 수 있다.

 가짜 가수Fake Singer

난이도 : ★ ★ ☆

준 비 물	교과서 노래 음원
활동방법	모둠활동

교과서에 제시된 노래를 부를 때 활용할 수 있는 활동으로, 모둠 안에서 립싱크를 하고 있는 학생이 누구인지 추측하는 활동입니다.

How to Play

① 모둠을 구성하고, 각 모둠은 돌아가며 술래를 맡는다.
② 술래 모둠은 교실 밖에서 가짜 가수(노래를 부르지 않는 사람)를 정한다.
③ 술래 모둠은 교실 앞쪽에서 칠판을 보고 뒤돌아선다.
④ 음원에 맞추어 가짜 가수를 제외한 나머지 모둠원은 노래를 부른다.
⑤ 나머지 학생들은 가짜 가수가 누구인지 맞춘다.

나만의 노래를 만들어요   난이도 : ★★★

준 비 물	PPT, 음악
활동방법	모둠활동

　정해진 음악에 맞추어 학생들이 영어로 가사와 동작을 만드는 활동입니다.

How to Play

① 모둠별로 동작을 나타내는 8개의 문장 카드를 보고 노래 가사를 배열한다.
② 음악에 맞춰 모둠별로 만든 노래 가사를 동작과 함께 부른다.

1. Stand up.	2. Sit down.	3. Clap your hands.	4. Raise your hands.

5. Open your book.	6. Close your book.	7. Shake your hands.	8. Turn around.

활동의 예시

Tip

– 활동에 사용하는 음악은 반복되는 비트가 있는 음악으로 선택한다.
예) 마더구스의 'Teddy Bear Beddy Bear, Burn Around', 영국의 락
밴드 퀸Queen의 'We Will Rock You'

읽기 활동
Reading Activities

읽기 활동으로 넘어오면 문자가 도입되고 문장과 문단, 길게는 글이 제시되기 때문에 영어를 어려워하는 학생들은 심리적으로 부담을 느끼기도 합니다. 읽기 수업을 어떻게 하면 재밌게 진행할 수 있을지에 대한 고민은 모든 영어 교사의 고민일 것입니다. 학생들이 흥미롭게 활동에 참여하는 동시에 자연스럽게 읽기 연습을 할 수 있는 여러 활동을 소개합니다.

 김치게임

난이도 : ★☆☆

준 비 물	PPT
활동방법	전체활동

문장을 보고 한 단어씩 돌아가며 말하는 활동으로 문장 속 단어의 순서를 외워서 하는 게임입니다. 수업의 마무리 활동으로 그날 배운

문장을 정리할 때 활용하면 좋습니다.

How to Play

① 단어를 말할 순서를 정하고 모두 자리에서 일어난다.
② 10초 동안 문장을 보여주고 사라지게 한다.
③ 한 사람당 한 단어씩 말하고 문장이 끝나면 '김', '치'를 추가로 말한다.
④ '치'를 말한 학생 다음 순서의 학생은 탈락하고 자리에 앉는다.
⑤ 자신의 순서에 알맞은 단어를 말하지 못한 학생도 탈락한다.
⑥ 문장을 바꿔 다음 순서의 학생부터 다시 시작한다.
⑦ 한 명의 학생의 남을 때까지 게임을 진행한다.

활동의 예시

   Tip

– 단순히 문장을 보고 말하는 활동이므로 단원 초반이나 반복 연습 부분에 활용하면 효과적이다.
– 탈락한 학생들이 게임에 집중하지 못한다면 마지막 1명이 남을 때까지 진행하지 말고, '더 많은 팀원이 살아남은 모둠이 이김', 또는 '7명이 남을 때까지 진행하기' 등으로 규칙을 변형하여 1라운드를 끝내고, 모든 학생이 다시 2라운드에 참여할 수 있도록 한다.

Level Reading　　　　　　난이도 : ★ ☆ ☆

준 비 물	PPT
활동방법	전체활동

　단계를 올리며 문장 읽기를 반복하는 활동으로, 교과서의 구문을 활용하여 주요 표현 읽기 연습을 충분히 할 수 있습니다.

 **How to Play**

① 학생들이 연습하게 될 주요 표현을 활용하여 PPT를 제작하는데, 이때 단계가 올라갈수록 빈칸이 많아지도록 제작한다.
② 문장의 빈칸에 알맞은 단어를 넣어 문장을 완성하며 읽어나간다.

단계 예시) You can see many beautiful flowers.	단계별 빈칸으로 제시하면 좋은 단어
1단계 You can see many beautiful ▢▢.	명사(목적어)를 빈칸으로 제시
2단계 You can see many ▢▢ ▢▢.	형용사 + 명사를 빈칸으로 제시
3단계 You can ▢▢ many ▢▢ ▢▢.	동사 + 형용사 + 명사를 빈칸으로 제시
4단계 You ▢▢ ▢▢ ▢▢ ▢▢.	문장 전체를 지우거나 한글로 제시

활동의 예시

읽기 경주Reading Race 　　　　　　　　　　　난이도 : ★★★

준 비 물	문장(그림)카드
활동방법	전체활동

　달팽이 놀이와 비슷한 활동으로, 두 팀이 양 끝에서 시작해 순서대로 가운데를 향해 문장을 읽어나가는 활동입니다. 문장을 정확하고 빠르게 읽기 위하여 학생 스스로 문장 읽기를 연습할 수 있습니다.

 How to Play

① 문장(그림)카드를 칠판에 가로 한 줄로 길게 붙인다.
② 두 팀으로 나눈 후 팀 내에서 순서를 정한다.
③ 각 팀의 첫 번째 선수는 문장 양 끝의 문장(그림)카드에 손을 대고 대기한다.
④ 게임이 시작되면 자신의 각 팀 앞쪽의 문장을 차례로 읽으며 앞으로 나간다.
⑤ 양 팀이 각각 안쪽으로 다가오며 문장을 읽다가 두 학생이 만나는 지점에서
　가위바위보를 한다.

⑥ 이긴 팀은 그 자리에서 진행방향으로 계속 읽어나가고, 진 팀은 두 번째 학생이 처음 위치에서 다시 시작한다.

⑦ 상대팀의 첫 번째 카드에 먼저 도착하는 팀이 점수를 획득한다.

Tip

– 문장을 빠르게만 읽으려 하고 정확하게 읽지 않으면 처음부터 다시 읽게 한다.

– 학생들의 수준을 고려하여 한국어는 영어로 말하고, 영어는 한국어로 말하기 등으로 규칙을 변형해도 좋다.

 변형게임 : 짝과 하는 읽기 경주

준 비 물   게임보드

게임보드를 제작하여 짝활동으로 변형할 수 있다. 보드판 하단에 출발지점을 정하고 손가락으로 짚어가며 문장을 읽는다.

Thanks, Mom.	Where's my bag?	Here it is.	It's under the desk.	Where's my ball?	It's over there.	Where is the toy box?
It's on the sofa.	**Reading Race(읽기 경주)**					She's in the toy box.
Mom, where's my cap?	1. Start A or B. (각자 A 또는 B에서 시작)					She's under the table.
Oh, here it is! Thanks.	2. Read the sentences. (영어 문장을 읽어 앞으로 나감) 3. When you meet your partner, do rock scissors paper. (어느 칸이든 만나면 가위바위보)					She's on the sofa.
It's on the table.	4. Winner keeps going, loser goes back to starting point. (이긴 사람은 계속, 진 사람은 처음 출발점으로 가기) 5. When you arrive at partner's starting point, you win. (먼저 상대편 친구의 출발점에 도착하면 승리)					Where is the cat?
Where's my watch?	It's in the cup.	**Ready?** ←A● **Set!** ●B→ **Go!**			What's that?	It's my cat.

〈출처: 인디스쿨〉

사목읽기 Connect 4   난이도 : ★★☆

준 비 물	게임판, L자 파일, 보드마카
활동방법	짝활동

오목게임의 규칙을 영어 읽기 활동에 적용하여 학생들이 흥미롭게 읽기 연습을 할 수 있습니다.

How to Play

① 게임판의 문장 중에서 원하는 문장을 읽으며 게임을 시작한다.
② 문장을 정확히 읽고 나의 영역을 표시한다.
③ 가로, 세로, 대각선으로 4칸을 연달아 차지하면 이긴다.

sister	car	know	work	worked	famous	She was a great painter.	Did you say your brother?	Yes, I did.
Who invented Angbuil-gu?	Jan Yeo-ngsil did.	Who made geobuk-seon?	Yi Sunsin did.	Who built the tower?	Eiffel did.	Who drew the picture?	Sin Saim-dang did.	He was a great engineer.
do	did	engineer	scientist	writer	painter	story	is	was
Who wrote the book?	Aesop did.	Did you say Shakes-peare?	Yes, I did.	Who wrote the music?	Beethoven did.	Who in-vented the airplane?	The Wright Brothers did.	She was a great writer.
draw	drew	invent	invented	make	made	write	wrote	great
clock	king	sundial	tower	ugly	world	young	build	built
Who made the robot?	My young-er sister did.	He wrote many stories.	She drew many pictures.	King SejongHe invented Hangeul.	Shakes-peare wrote the book.	Van Gogh drew the picture.	Eiffel built the Eiffel Tower.	He was a great scientist.

바둑판 형식의 게임판에 단어나 문장을 채워 활동하는 방법

Q. How many?
A. (세로 숫자) + (가로 과일 / 채소)
예) Five apples.

	apple apples	banana bananas	pear pears	orange oranges	strawberry strawberries	tomato tomatoes	potato potatoes	carrot carrots
1								
2								
3								
4								
5								
6								

가로와 세로의 단어를 조합하여 문장을 만드는 방법

 Tip

- Connect 4라는 실제 보드게임 도구를 활용할 수 있다.
- 칩 4개를 연달아 이어가는 게임으로 원형 칩에는 번호를 적고, 문장 리스트를 번호별로 제시한다.

〈실제 보드게임 활용의 예시〉

문장박수Clapping Game 난이도 : ★ ★ ☆

준 비 물	PPT
활동방법	전체활동

문장을 읽으며 각 단어에 해당하는 동작을 하는 활동으로, 학생들이 글을 읽을 때 더욱 집중하게 할 수 있습니다.

 **How to Play**

① 각 단어별로 취하게 될 동작을 기호화하여 제시한다.
② 문장을 동작 기호와 함께 보여주고 학생은 문장을 읽으며 기호의 동작을 한다.

Clap   Shout   Jump   Spin   Punch
박수치기   소리지르기   점프   돌기   펀치

활동의 예시

Tip

- 동작의 개수를 늘리거나 한 단어당 2가지의 동작을 한꺼번에 제시하는 것으로 난이도를 높인다.

 ## 협동 문장 만들기

난이도 : ★★☆

준 비 물	문장카드, 보드마카, 화이트보드
활동방법	모둠활동

모둠원들이 각각 서로 다른 단어를 확인하고, 단어를 조합하여 문장으로 완성하는 활동입니다.

 How to Play

① 모둠별로 1~4의 번호를 정한 뒤 모두 자리에 엎드린다.
② 각 모둠의 1번 학생부터 일어나 해당 번호의 단어를 확인한 후 다시 엎드린다.
③ 나머지 학생들도 자신의 순서가 되면 일어나 해당 번호의 단어를 확인한다.
④ 모둠의 모든 학생이 단어를 확인하면 고개를 들고 각자 확인한 단어를 조합하여 문장으로 완성한 후 화이트보드에 적는다.

> – 읽기와 쓰기를 통합하여 진행할 수 있는 활동으로 쓰기 활동 시 순서를 정해 돌아가며 쓸 수 있도록 한다.

 변형게임 : 달리기 받아쓰기

① 교실의 네 모퉁이에 4개의 미션지를 둔다.
② 모둠별로 1~4번까지 번호를 정한 뒤, 자신의 코너로 가서 단어를 1개씩 보고 자리로 돌아온다.
③ 단어를 조합하여 문장으로 완성한다.

1	
1	than
2	The giraffe
3	The blue bag
4	not
5	bigger

2	
1	you.
2	the deer.
3	the yellow bag.
4	right
5	Which

3	
1	I'm
2	is faster
3	than
4	That's
5	?

4	
1	stronger
2	than
3	is heavier
4	.
5	is

쓰기 활동
Writing Activities

쓰기는 학생들이 가장 어려워하는 언어기능 중 하나입니다. 따라서 학생들의 수준을 고려하여 단어부터 어구, 문장 단위로 점차 단계적으로 확장하며 쓰기를 도입합니다. 쓰기에서는 대체로 교과서에 있는 문장을 연습하거나 이를 바탕으로 문제를 해결하는 활동들을 많이 제시합니다. 나아가 학생들의 생활을 반영하여 자신의 생각이나 의견을 문장으로 옮길 수 있도록 하는 활동도 시도해 볼 수 있습니다.

쓰기 활동은 목표 표현에 학생들이 충분히 익숙해진 후에 적용하는 것이 좋습니다. 1~3차시에서 학생들이 표현을 반복적으로 보고 말하고 익히면서 쓰기 단계로 자연스럽게 넘어가도록 해주어야 합니다. 또한 쓰기 지도 시 철자, 구두점, 형식, 알파벳 대소문자 등도 학생들이 꼼꼼히 살필 수 있도록 합니다.

스크램블Scramble   난이도 : ★ ☆ ☆

준 비 물	PPT, 학습지
활동방법	개별활동

알파벳이나 단어를 바르게 배열하여 단어나 문장으로 완성하는 활동입니다.

 How to Play

① 알파벳(단어)을 무작위로 섞어 제시한다.
② 섞여있는 알파벳을 바른 순서로 배열하여 정확한 단어(문장)로 완성한다.

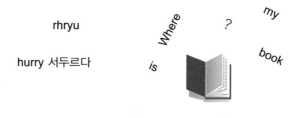

rhryu

hurry 서두르다

Where ? my is book

학습활동의 예시

 변형게임 1: Catch the Sentences

• 빠르게 지나가는 문장을 기억한 뒤 쓰는 활동
① 핵심 문장을 PPT의 애니메이션 기능을 사용하거나 인쇄물로 1~2초 정도의 짧은 시간동안 빠르게 보여주고 숨긴다.
② 학생들은 문장을 기억하여 화이트보드나 학습지에 적는다.

● 문장의 오류를 찾는 활동

① 단원의 주요 표현을 중심으로 오류가 있는 단어나 어구, 문장을 보여준다.

② 문장의 오류를 찾아 잘못된 것을 고쳐 올바르게 적는다.

③ 바르게 적으면 점수를 획득한다.

 ## 단어 구름 Word Cloud   난이도 : ★☆☆

준 비 물	PPT, 학습지
활동방법	개별활동

　문장 속의 단어를 단어 구름 형태로 제시하고, 학생들은 보이는 단어를 조합하여 문장으로 써 보는 활동입니다.

 단어 구름 제작 방법

① 단어 구름 제작 사이트에 접속한다.(www.tagxedo.com)

② 'Create'를 클릭한다.

③ 'Option'에서 'Word 1 Layout option'을 클릭한다.

④ Word에서 'Remove Common Words' 설정을 'No'로 변경한다.

⑤ 'Load'를 클릭 후 'Enter Text'에 원하는 단어를 적고 'Submit'를 클릭한다.

⑥ Option의 'Shape'를 문장과 연관있는 모양으로 변경하는 등 다양한 디자인으로 변경할 수 있다.

⑦ 'Save'를 클릭한 뒤 이미지로 저장하여 사용한다.

단어구름의 예시

 그림 읽기 Picture Symbols　　　　　난이도 : ★ ★ ★

| 준 비 물 | 카드용지, 펜, 연필, 지우개, 색연필 |
| 활동방법 | 전체(짝)활동 |

　어휘마다 그와 관련된 심볼(그림)을 지정하고 이를 활용하여 쓰기 연습을 하는 활동입니다.

　　　How to Play

① 각 단원에서 학습한 어휘, 문장형식(패턴)에 사용되는 어휘들에 각각의 심볼을 부여한다.
② 심볼을 결정할 때는 학생들의 의견을 반영하여 단어 본래의 의미에 근접한 심볼을 지정한다.
③ 심볼로 이루어진 그림 문장을 보여주고 학생들은 유추하여 알맞은 문장을 쓴다.

- 학습 내용의 누적 및 꾸준한 활용을 위하여 반복되는 어휘들은 학년 초에 학생들과 심볼을 정한다.
- 학년 말에 누적된 심볼을 사용하면 복습 활동에 효과적이다.

 변형게임 : Read the Symbols

학생들이 각자 심볼 형태의 문장을 퀴즈로 만들어 제시하고 유추한 문장을 적어보게 하는 활동으로 확장할 수 있다.

매드 립스Mad Libs   난이도 : ★★★

준 비 물	학습지, 연필
활동방법	전체(짝)활동

리스트에서 단어 품사나 조건(명사, 동사, 형용사, 숫자, 장난감 등)에 맞추어 영어 단어를 떠오르는 대로 적고, 이야기의 빈칸에 단어를 순서대로 채워 넣습니다. 완성된 이야기는 엉뚱하거나 문맥에 맞지 않는 내용이겠지만 이 나름대로의 이야기에 학생들은 즐거워합니다.

① 교사는 두 종류의 학습지를 제작한다.
- 학습지 A : 조건에 맞추어 단어를 적을 수 있는 표를 제시한다.
- 학습지 B : 빈칸을 채워야 하는 이야기를 제시하고 각 빈칸에 번호를 매긴다.

	조건	단어
1	형용사(adjective)	
2	음식(food)	
3	미래의 시간(future)	
4	동사(verb)	
5	동사(verb)	
6	동물(animal)	
7	장소(place)	
8	물건(things)	

학습지의 예시 A

Mad Libs
Sejin : Oh! It's __1__ today.
Juho : Yes, it's very __1__.
Ben : Look! Let's go and get some __2__.
Juho : What are you going to do __3__?
Sejin : I'm going to __4__ and __5__ with
　　　my __6__.
Ben : I want to __5__, too.
Sejin : How about going together?
Ben : Sounds good.
Sejin : Juho, what about you?
Juho : I want to __5__, too.
Sejin : Great! Let's meet at __7__.
Juho : Where is Ben?
Ben : Hi, I'm here!
Juho : Oh! Ben, that is a __1__ __8__.
　　　I want to buy one, too.

학습지의 예시 B

〈표 출처: 인디스쿨〉

② 학생들은 학습지 A를 먼저 받는다. 조건을 참고하여 떠오르는 단어를 자유
롭게 1개씩 적는다.
③ 학습지 B를 추가로 받고, 학습지 A에 적어놓은 단어를 옮겨 적는다.

Tip

- Mad Libs 참고 사이트 : https://www.madlibs.com
- 학생들이 즉각적으로 단어를 생각해 내지 못하는 경우, 교사는 관련
단어 목록을 다양하게 제시할 수 있다.

변형게임 : 주사위 게임

① 학생들에게 학습지를 나눠준 후 1. Height ~ 7. Shoes까지 주사위를 한 번
씩 굴려 나온 수의 단어에 동그라미를 친다.
② 동그라미 친 단어의 모습으로 인물 그림을 그린다.

	⚀	⚁	⚂	⚃	⚄	⚅
1. Height	very short	short	average height	tall	very tall	super tall
2. Hair Style	long curly	long straight	long wavy	short curly	short straight	short wavy
3. Hair Color	black	brown	blue	blond	ginger	purple
4. Upper Clothes	a striped T−shirt	a blue shirt	a sleeveless black	a yellow T−shirt	a pink dress	a red hoody
5. Lower Clothes	blue jeans	black shorts	red pants	a green skirt	checkered pants	stockings
6. Items	sunglasses	glasses	a hair band	earrings	a necklace	a watch
7. Shoes	red sneakers	blue high heels	yellow slippers	white sneakers	red high heels	black slippers

〈그림 그리기〉

My character is _____. S/he has _____ _____ hair.
S/he is wearing _____ and _____.
S/he is wearing _____ and _____.

Fold Over Stories

준 비 물	종이, 펜
활동방법	개별(모둠)활동

문장을 구성할 때 사용되는 다양한 어휘를 품사별로 분류해 보고 각각의 쓰임에 맞도록 문장으로 구성해 보는 활동입니다.

 How to Play

① 학생들에게 백지 한 장씩 나누어 준다.
② 교사는 칠판에 Who, What, How, Where, When, Why를 쓴다.
③ 모든 학생들은 종이의 제일 윗부분에 누군가의 이름who을 쓰고 아무도 보지
　　못하도록 그 부분을 접는다.
④ 오른쪽(왼쪽)으로 종이를 전달한다.
⑤ 다음 사람은 받은 종이에 무엇what을 했는지 적고, 그 부분을 다시 접은 후
　　다음 방향으로 전달한다.
⑥ 종이를 옮겨가며 칠판의 내용을 순서대로 쓰고 접기를 반복한다.
⑦ 모든 단어를 쓰고 나면 처음 종이를 시작했던 학생에게 돌려준다.
⑧ 단어를 조합하여 문장으로 만들고 발표한다.

문장 예시		
Who	누가(친구이름, 유명인사, 연예인 등)	Kevin, The teacher, Jimin, Soyeon…….
What	무엇을 한다(주로 동사 + 명사)	eat pizza, drink milk, run, sing a song, dance…….
How	어떻게(주로 형용사나 부사)	fast, slowly…….

Where	어디서(장소)	at the park, in the classroom, at the beach, on the desk
When	언제(날짜, 시간, 때)	on Saturday, in the morning, at 11 A.M.…….
Why	왜(Because로 시작하는 문장)	Because he's hungry. Because she's happy…….

Tip

- 초등 교육과정에서는 적극적으로 품사의 분류를 강조하지 않으므로 학생들에게 품사 분류를 학습과제로 제시하기 전에 그동안 학습했던 어휘 목록을 보여주고 예시를 제시한다.

- 다양한 수준의 학생들이 활동에 참여하기 위하여 학생들에게 제시하는 어휘목록의 수준을 조정하거나 서로 협동할 수 있도록 모둠 활동으로 진행 할 수 있다.

- WH 분류가 아닌 다른 분류기준으로 활동을 진행할 수 있다.
  예) place, food, etc.

 ## 단어 끝말잇기

난이도 : ★★★

준 비 물	학습지
활동방법	모둠 활동

우리나라의 끝말잇기와 비슷한 활동으로 미국에서도 가족이나 친구들끼리 모였을 때 'First Word Last Word'라는 이름으로 자주하는 놀이입니다. 제한된 시간 안에 단어를 많이 생각하고 써 보며 단어를 학습합니다.

How to Play

① 선생님이 제시하는 단어의 마지막 알파벳으로 시작하는 단어를 생각하여
　적는다.
② 제한된 시간 안에 가장 많은 단어를 쓴 모둠이 이긴다.

Pants－Shop－Pineapple－Elevator…….

 Tip

- 제한 시간을 4~5분 정도로 시작하였다가 1분씩 제한 시간을 줄여가
　며 진행하면 긴장감을 높일 수 있다.
- 'Google', 'Naver'와 같은 고유명사도 정답으로 인정한다.
- 고학년의 경우 활동이 익숙해지면 전자사전을 이용하여 어려운 단어도
　찾아서 활용해 본다.
- 사용된 단어의 개수만큼 블록을 쌓으면 사용한 단어의 양을 가시적
　으로 확인할 수 있다.

 단어 속 단어 Making Words　　　　**난이도 : ★★★**

준 비 물	화이트보드, 보드마카
활동방법	모둠 활동

　단어를 보고 그 단어에 속한 알파벳들로 새로운 단어를 조합하여 만
들어 보는 활동입니다.

① 예를 들어 'WATERMELON'이라는 단어에서는 알파벳 W, A, T, E, R, M, E, L, O, N을 조합하여 단어를 만들 수 있다.

② N-E-T, M-A-T 등 해당 알파벳을 조합하여 최대한 많은 단어를 만드는 모둠이 이긴다.

활동의 예시

Tip

– 새로운 단어를 생각해 내기 위해 발음하는 과정에서 파닉스와 단어의 철자를 동시에 복습하는 활동으로 활용할 수 있다.

– https://word.tips 사이트에서 단어를 검색하면 단어 속 단어를 철자수 별로 검색할 수 있다.

알파벳 퐁 Spelling Pong

난이도 : ★ ★ ☆

준 비 물	컵, 탁구공, 알파벳카드, 종이
활동방법	모둠 활동

탁구공을 던지며 간단한 게임을 통해 알파벳을 획득하고, 획득한 알파벳을 이용하여 최대한 많은 영어 단어를 만들어 보는 활동입니다.

 How to Play

① 모둠별로 컵 3~4개를 나누어준다.
② 각 컵의 아래쪽에 알파벳 카드 세트를 각각 둔다.
③ 5분 동안 모둠원들이 돌아가며 탁구공을 던져 컵에 탁구공이 들어가면 아래에 놓인 알파벳을 한 장씩 가져간다.
④ 제한된 시간이 지난 후 모둠의 학생들은 모은 글자를 활용하여 최대한 많은 단어를 만들어 내고, 단어를 더 많이 만들어 낸 팀이 승리한다.

활동의 예시

정리 활동
Review Activities

시간이 지남에 따라 기억의 감소정도를 나타내는 에빙하우스의 망각곡선Forgetting Curve 이론이 있습니다. 이 이론에 따르면 개개인의 기억을 유지하려는 시도가 없으면 시간이 지남에 따라 정보가 감소합니다.

모든 학습 상황에서 에빙하우스의 망각곡선은 '복습Review'의 중요성을 말해줍니다. 영어 학습에 있어서도 마찬가지입니다. 영어가 모국어가 아닌 EFL 상황에서의 영어 학습은 끊임없이 반복 노출을 하지 않으면 기억에서 잊어버리게 되며 이를 최소화하기 위하여 교사는 복습을 통해 반복 학습할 수 있는 기회를 제공해야 합니다. 학생들의 복습 활동을 도와줄 수 있는 다채로운 활동을 소개합니다.

마인드 맵 Mind Map　　　　난이도 : ★ ★ ☆

준 비 물	A4용지, 8절지
활동방법	개인(모둠)활동

　각 단원의 제목을 중심으로 학생들과 질문을 주고 받으며 관련된 단어나 문장을 생각 그물 형식으로 정리해 나가는 활동입니다.

 How to Play

① 학생들은 A4용지나 공책을 준비한다.
② 가운데 동그라미를 그리고 단원의 제목을 적는다.
③ 각 단원의 주제에 해당하는 내용을 그물로 작성해 나간다.

 Tip

－ 학기 말이라면 모둠별로 단원을 정해 주요 표현을 정리할 수도 있다.

－ 이때 한 모둠이 한 단원 전체를 정리해도 좋지만, 제한 시간을 두고 종이를 옆 모둠으로 전달하며 활동을 진행하면 전체 학생이 전체 단원의 정리 활동에 참여할 수 있다.

－ 모둠별로 진행할 경우 무임승차를 방지하기 위하여 모둠별로 역할을 정하도록 한다.

1번 – 교과서에서 추가할 문장을 찾아보기
2번 – 친구들이 찾은 문장을 쓰기
3번 – 쓰려는 문장이 이미 있는지 확인하기

Review Station 　　　　　　　　　　　난이도 : ★ ★ ★

준 비 물	미션지, 학습지
활동방법	모둠활동

　교실 각 코너에 제시된 미션을 해결하는 활동입니다. 각 코너별로 제한시간을 주고, 활동이 끝나면 다음 미션으로 이동하며 복습 활동을 진행합니다.

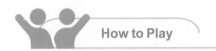 **How to Play**

① 교사는 사전에 코너별 미션을 준비한다.
② 학생들은 각 코너의 미션을 해결하고 해결된 내용을 학습지에 적는다.

Station 1. Unscramble the Sentences

1.	
2.	
3.	
4.	
5.	

Station 2. 질문에 대한 답 찾기

1.	
2.	
3.	
4.	
5.	

Station 3. 빈 칸 채우기

1. Can ____ come to my ____ ____?
2. ____ ____ ____ blocks and ____ ____.
3. It's on ____ ____.
4. ____ is the ____ ____?
5. The ____ is ____ the ____.
6. Are ____ in ____ ____?

Station 4. 암호문 해독하기

1.	
2.	
3.	
4.	
5.	

학습지의 예시

Tip

– 각 코너에서 제한 시간보다 빨리 미션을 해결한 학생들을 위해 학습지 뒷면에는 가로세로 낱말퍼즐, 워드서치, 숨은그림 찾기 등의 활동을 제공한다.(제작사이트 : www.puzzlemaker.com)

– 미션 활동의 예시

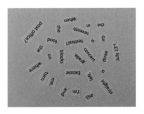

Unscramble the Sentences
문장을 잘라 단어카드로 준비한다. 학생들은 단어 카드를 조합하여 알맞은 문장을 만들어 학습지에 적는다.

1. Can you come to my party?	A. I have a cold.
2. Where is the bank?	B. It's on May 23rd.
3. When is the concert?	C. My name is Lionel Messi.
4. What's wrong?	D. Of course!
5. What's your name?	E. Go straight four blocks and turn right.

질문에 대한 답 찾기
5가지의 질문과 그에 대한 답이 적힌 문장카드를 매칭하여 답을 적는다.

그림을 단어로 바꿔서 문장 완성하기
주요 단어를 그림으로 표현한 문장을 제시한다. 이 그림을 단어로 바꿔 알맞은 문장을 적는다.

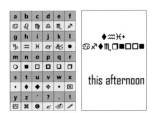

암호문 풀기
암호문을 보고 학생들은 암호표에서 해당 암호를 찾아 영문장으로 적는다.

구글 프레젠테이션

난이도 : ★★★

준 비 물	PC
활동방법	개별활동

구글 프레젠테이션으로 포스터를 만드는 활동입니다. 실시간 저장 및 공유가 가능하여 다른 학생들의 작품을 참고할 수 있으며, 파파고나 인터넷 사전 등을 활용하여 필요한 단어 및 문장을 조사하여 쓸 수도 있습니다.

 **How to Play**

① 사전에 학생 수 만큼의 예시 슬라이드가 포함된 파일을 만들어 학생들에게 링크를 공유한다.
② 학생들은 각자 자신의 번호에 해당하는 슬라이드에서 편집한다.
③ 전체의 작업을 함께 공유한다.

Party Title(파티제목)

·Poster 여기에 만들기
·Attractive picture (관련 그림)

·When
·Where
·The things to bring (준비물)
·Entrance fee (입장료)
·What to do during this party

Made by 만든 사람 이름

활동의 예시

Tip

- 학생들이 활동을 원활하게 하기 위하여 사전에 프로그램 활용 방법을 설명한다.(사진·동영상 첨부하기, 캡쳐하기, 글상자 넣기 등)
- 로그인 없이 익명으로 작업을 할 경우, 다른 학생의 작품에 장난을 치거나 실수로 전체 레이아웃을 변경하는 문제가 생길 수도 있으므로 사전에 주의를 준다.
- 학기 초 구글 G-Suite를 이용해 단체로 학생 구글 이메일을 만들어 활용할 수도 있다.
- 제작한 슬라이드를 친구들 앞에서 발표하며, 교사는 이를 말하기 평가에 반영할 수 있다.

 구글 설문지   난이도 : ★★☆

준 비 물	스마트패드(또는 PC)
활동방법	개별활동

온라인으로 학생들의 수행 정도를 알아볼 수 있는 프로그램으로, 채점까지 자동으로 되는 유용한 툴입니다.

 구글 설문지 제작 방법

① 구글설문지(https://docs.google.com/forms)에 접속한다.
② '＋(새 양식 시작하기)'를 클릭한 뒤, 설문지 내용을 구성한다.

③ 톱니바퀴모양을 클릭한 후, '일반, 프레젠테이션, 퀴즈' 중에서 '퀴즈'를 선택
한다. 응답자가 볼 수 있는 항목을 지정할 때, 틀린 문제, 정답, 점수를 선택
하면 학생들은 자신의 정·오답 및 총 점수 등을 모두 바로 확인할 수 있다.
④ 퀴즈 문제는 객관식, 단답형, 주관식 등 다양한 방식으로 출제가 가능하며,
점수 배점, 정답 등을 기입한다.
⑤ 출제가 끝나면 상단 오른쪽에 있는 '보내기 버튼'을 선택하여 편집한 설문지
를 내보내고, 링크 표시를 선택하여 주소를 복사한 후 학생들에게 알려준다.

Tip

– 학생이 주소를 직접 입력해야 하는 경우, https://bitly.com/ 사이트를
이용하거나 링크하단의 'URL단축' 버튼을 클릭하면 주소의 길이를
줄일 수 있다.
– QR코드를 생성하여 활용할 수도 있다.

 그림책 만들기

난이도 : ★★☆

준 비 물	라벨지, 평가지
활동방법	개별활동

그림책, 교과서의 읽기 활동 등, 학생들이 읽은 내용을 알고 있는지
라벨지를 활용하여 확인해 보는 활동입니다. 주소용 라벨지에 목표 문
장들을 인쇄하여 스티커처럼 활용합니다.

① 학습지에 이야기의 각 장면을 담은 그림을 장면의 순서대로 넣어 제작한다.
② 라벨지에는 각 장면을 설명하는 주요 문장을 인쇄하여 스티커 형식으로 활용할 수 있도록 제작한다.
③ 학생들은 학습지의 그림과 라벨지의 문장을 대조하여 이야기의 순서대로 라벨지를 학습지에 붙이며 내용을 정리한다.

 Tip

– 단원정리 미니북 만들기
  이야기를 읽은 후 정리하는 활동 뿐만 아니라 각 단원에서 학습한 내용을 중심으로 미니북을 만드는 활동으로 응용할 수 있다.

– 라벨지 인쇄 방법
  ① 한글프로그램 상단에서 쪽–라벨–라벨문서만들기를 클릭한다.
  ② 원하는 라벨지에 맞는 문서를 선택하고 열기를 클릭한다.
  ③ 원하는 내용을 입력한 후, 프린터의 인쇄 방향을 고려하여 라벨지를 출력한다.

 ## 내 맘대로 Role-Play   난이도 : ★ ★ ☆

준 비 물	다양한 소품
활동방법	짝활동

교과서에서 제시된 역할극의 대사를 활용하는 것도 좋지만 학생들

에게 직접 대본을 제작해 보게 하는 것은 어떨까요? 마무리 차시에 활용해도 좋고 두 개 이상의 단원을 복습하는 활동으로도 좋습니다.

How to Play

① 단원에서 학습한 표현을 정리한다.
② 대본을 작성한다. 이때 다음과 같은 규칙을 제시하여 풍부한 내용이 작성되도록 한다.
- 단원의 목표 표현이 반드시 들어가도록 한다.
- 모둠원 당 최소 1문장 이상은 말하도록 한다. (수준에 따라 2문장 가능)
- Hello, Thank you, Bye, Yes, No 등은 문장으로 치지 않는다.
- 폭력적이거나 잔인한 내용 및 장면은 포함시키지 않도록 한다.
③ 모둠별로 준비할 시간을 5~10분간 주고, 최대한 모든 모둠이 발표할 수 있도록 발표시간의 분배를 고르게 한다.

Tip

- 처음에는 교사가 상황과 장소를 브레인스토밍을 통해 함께 칠판에 적어보며 가이드라인을 제시한다.
- 활동을 평가에 활용할 경우 교사의 평가 뿐 아니라 동료평가도 반영한다. 이때는 다른 모둠의 연기력, 전달력, 창의력을 평가하고 교사는 학생들이 제출한 결과를 정리하여 모둠별 점수를 내고 피드백을 준다.

프로젝트 수업
Project Activities

프로젝트 학습은 실제적인 문제 상황을 중심으로 소그룹 협력 학습을 통해 문제 해결을 추구하는 학습 형태입니다. 영어 수업에서 프로젝트 수업이 필요한 이유는 무엇일까요? 지금까지의 영어 수업은 영어로 된 문장의 뜻을 정확하게 파악하고 답을 가려내는 것에 중점을 두었습니다. 이는 미래 사회에 필요한 역량과는 다소 거리가 있어 보입니다. 하지만 미래 사회에 살아갈 학생들에게 자기 주도성, 창의성, 기획 및 판단력, 비판적 사고력, 의사소통력, 공감능력 등은 매우 중요합니다.

프로젝트 수업을 통해 학생들은 질문에 대한 답을 구체적인 산출물의 형태로 만들어 내며 문제를 해결해 나가는 과정을 통해 협력, 의사소통, 문제 해결 능력, 자기주도 학습 능력 등을 신장할 수 있습니다.

10색상환 Color Harmony

준 비 물	학습지, 채색도구, 활동방법, 난이도
활동방법	개별활동

　10가지 색깔을 영어로 색칠해 보며 색깔의 변화를 알아보는 활동으로, 미술 교과와 통합한 프로젝트입니다.

 How to Play

① 색깔을 나타내는 단어를 배운다.
② 물감이나 색연필로 칠하고, 색의 이름을 영어로 적는다.
③ 보색 관계에 있는 색깔을 이야기해 본다.
④ 태블릿을 활용하여 다양한 색 이름을 검색해 본다.
⑤ 같은 색의 여러 이름(예 : 보라색은 'violet', 'purple' 등)이나 10색상환에 포함되지 않은 색의 단어 등을 알아본다.

 Tip

　– 10색상환 물건을 집에서 찾아보기 활동으로 확장할 수 있다.

분실물을 찾아가세요

난이도 : ★★★

준 비 물	사진, 음악
활동방법	개별활동

'Whose pencil is it?'과 같이 소유를 묻고 대답하는 구문을 활용할 수 있는 활동입니다. 학교 분실물 보관소에 있는 물건들의 주인을 실제로 찾아줄 수 있도록 영상을 만들어 봅시다. 교과서의 챈트나 노래를 개사해서 학생들이 물건의 주인을 묻는 표현을 영상으로 촬영하고, 교내 방송으로 함께 시청해 보는 것도 좋습니다.

 How to Play

① 소유격과 관련한 문장을 정확히 묻고 말하는 연습을 한다.
② 모둠별로 학교 분실물 보관함에서 물건을 한두 개 고른 뒤, 개사한 가사에 맞춰 노래를 부른다.

 Tip

– 영상편집 프로그램 – 윈도우비디오 편집기(PC, 무료)
  윈도우에서 무료로 제공하는 '비디오편집기'는 영상 자르기, 붙이기, 자막 등의 기본 기능에 충실하고 방법도 직관적이어서 사용이 편리하다.

– 키네마스터(테블릿이나 스마트폰, 무료)
  쉬운 동영상 편집기, 저작권 걱정 없이 효과·자막·음악 등을 사용할 수 있다.

동네특공대

난이도 : ★ ★ ★

준 비 물	학교 근처 지도, 학습지
활동방법	모둠활동

길을 묻고 답하는 표현을 실제로 학교 주변의 장소들을 찾아다니며 적용해 보는 활동입니다. 우리 동네의 익숙한 가게들을 찾으며 위치 표현을 연습할 수 있어서 학생들이 좋아하는 활동입니다.

 How to Play

① 교사는 학교 주변의 장소 4곳을 선정하고, 모둠별로 그곳까지 가는 길에 관한 학습지를 제작한다.
② 태블릿을 이용해 지도로 학교 주변의 길을 찾아본다.
③ 실제로 동네 탐방을 하며 건물의 위치를 학습지에 적는다.

---

1. Where is the <u>mart</u>?

Go _____ 1 block.
It is on your _____.

2. Where is the <u>hairshop</u>?

Go _____ 1 block.
Turn_____.
It is on your _____.

3. Where is <u>the school</u>?

Go _____ 1 block.
Turn_____.
It is on your _____.

4. Where is the <u>bank</u>?

Go _____ 1 block.
Turn _____.
It is on your _____.

활동의 예시

Tip

- 2시간 블록수업으로 운영하는 것을 추천한다.
- 야외 활동 전 지도로 방문할 장소를 살펴보고 횡단보도도 안전하게 건너기, 공공 시설물 아끼기 등을 지도한다.

 ## 지역 축제 소개　　　　　　　　　　　난이도 : ★★★

준 비 물	축제홍보책자, 학습지, 8절 도화지
활동방법	모둠(전체)활동

　'Can you come to the party?' 단원과 연계하여 지역 축제를 소개하는 프로젝트입니다. 모둠별로 지역의 축제를 하나씩 정해 홍보책자를 참고해 그 행사에 대해 알아본 후, 축제에 초대하는 글을 작성합니다. 또한 축제 포스터를 만들어 축제 박람회를 개최합니다.

How to Play

- 1차시: 지역 축제를 주제로 한 글 읽기
- 2차시: 모둠별로 우리 지역의 축제를 정해 초대하는 글쓰기
- 3차시: 축제 포스터 만들기
- 4차시: 축제 박람회 준비하기(포스터 내용 말하기 연습하기)
- 5차시: 축제를 소개하는 박람회 열기

Tip

– 우리 지역의 축제를 사전에 구체적으로 조사해 보도록 한다.

– 실물 홍보책자를 활용하면 더 현실감 있는 활동으로 진행할 수 있다.

 ## 한식 사절단

난이도 : ★★★

준 비 물	PC, 사진, 스크랩북
활동방법	개별활동

한국 전통음식의 종류를 생각하고, 재료와 맛을 소개하는 프로젝트 입니다. 교과서의 'Do you know anything about Korea?' 단원과 관련하여 한국 음식, 한국 가수들을 검색해 보고 소개하는 활동을 통해 학생들의 참여를 이끌어냅니다. 외국의 학교와 국제 교류수업을 한다면 학생들이 한식을 영어로 소개하며 자긍심을 느끼게 할 수도 있습니다.

 How to Play

① 외국인에게 소개하고 싶은 한국의 음식들을 학급 학생 수(또는 모둠 수)만큼 정한다.

② 소개를 위해 필요한 항목들을 인터넷 검색을 통해 정보를 수집한 후 스크랩북으로 작성한다.

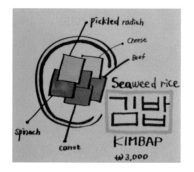

1) 메뉴의 한국이름 영어 표기법

   Kimbap

2) 메뉴의 영어 표기법

   Seaweed Rice

3) 음식에 들어가는 재료

   Carrot, Cheese, Pickled Radish…….

4) 음식의 맛

   Spicy, Salty, Sweet, Cheesy…….

활동의 예시

 Tip

- 구글 번역기를 이용해 한국어를 영어로 바꾸는 방법을 사전에 알려 준다.
- 번역기를 사용할 때는 문장을 정확하고 짧게 쓰도록 한다.

세계도시여행 난이도 : ★★★

준 비 물	학습지, PC, 모형여권, 도장
활동방법	모둠(전체)활동

 이 프로젝트에서는 5개의 세계 도시를 학생들과 선정하고 관광객들을 위한 여행책자(브로슈어)를 만들며, 각자 가이드와 관광객이 되어 세계도시여행을 합니다.

 How to Play

① 각 모둠은 소개할 도시 한 곳을 정한다.
② 각 도시에 대하여 4개의 카테고리(Visit, Try(Eat), Do, Watch)와 관련된 내용을 인터넷으로 조사한 후, 'Be going to' 문형으로 3문장 이상 써서 브로슈어를 만든다.
③ 브로슈어의 글을 소리 내어 읽는 연습을 하고, 내용과 관련된 2개의 문제를 만든다.
④ 한 모둠을 반으로 나누어 A팀과 B팀을 만들고, A팀이 도시 가이드가 되어 브로슈어를 관광객들에게 설명하고 문제를 내면 B팀은 관광객이 되어 다른 도시 가이드들의 설명을 듣고 문제를 맞추면서 여권에 도장을 받는다.

Visit *I'm going to visit…*	**Try/Eat** *I'm going to try…*
Do *I'm going to do…*	**Watch** *I'm going to watch…*

활동의 예시

Tip

– 모둠 인원수만큼 아이들이 해야 할 과제의 개수를 정확하게 제시하여
모두가 참여할 수 있도록 준비한다.

열두 달One Year 루틴

    일년을 알차게 꾸려 나가기 위해 교육과정을 계획하고 구성하는 것은 모든 학교 구성원들에게 꼭 필요한 단계입니다. 영어교과 전담교사도 여기에서 예외일 수는 없습니다. 학기가 시작하는 3월부터 학기를 마무리하는 12월까지 영어교과에서 할 수 있는 각 월별 다양한 활동과 운영 내용을 소개합니다.

- ☑ 3월-한 해를 결정하는 첫 달
- ☑ 4월-세계 문화 맛보기의 달
- ☑ 5월-채움과 감사가 함께하는 달
- ☑ 6월-다양한 수업 고민의 달
- ☑ 7월-한 학기를 마무리하는 달
- ☑ 8월-새 학기를 시작하는 달
- ☑ 9월-독서의 달
- ☑ 10월-이색 체험 할로윈의 달
- ☑ 11월-도전의달: 영어팝송 페스티벌
- ☑ 12월-나눔과 배움의 달

3월
한 해를 결정하는 첫 달

교사에게 새 학기의 시작만큼 두근거리는 일은 또 없을 것입니다. 3월 첫 단추를 어떻게 준비하고 시작해야 할지 막막한 선생님들께 조금이나마 도움이 되었으면 합니다. 학급경영만큼 까다롭고 어려운 영어수업경영, 그 첫 시작을 함께해 봅시다.

첫 수업 시작하기

첫날 첫 수업은 영어수업에 대한 첫인상을 결정합니다. 학생들이 영어수업에 대한 긍정적인 인상을 갖고 1년 동안 영어교실에 오는 발걸음을 가볍게 해줄 수 있는 중요한 시간입니다. 보통 1차시에서 2차시 정도 분량으로 생각하시면 됩니다. 학생들도 준비할 수 있고 선생님도 준비할 수 있는 시간을 가져보세요.

교사가 일년 동안 가르칠 학생들이 어떤 학생들일까 궁금한 만큼 아이들도 선생님이 어떤 분일지 궁금해 합니다. 선생님을 소개하는 간단한 활동을 통해 어색한 학기 초 분위기를 풀어봅니다.

선생님 소개

- **1 Truth 2 Lies**

  - 선생님에 대해 1가지는 사실, 2가지는 거짓인 문장을 간단한 영어로 제시한다.(또는 그 반대, 1가지는 거짓, 2가지는 진실인 문장도 가능)
  - 학생들이 무엇이 사실인지 맞혀 보도록 하고 교사는 이와 관련된 이야기를 풀어낸다.

- **Numbers for the Teacher**

  - 선생님과 관련 있는 숫자(나이, 생일, 교직경력 등)를 무작위로 제시한다.
  - 각 숫자들이 선생님과 무슨 관련이 있는지 학생들이 맞혀 본다.
  - 숫자에는 우리가 앞으로 함께 할 수업 시간을 포함할 수도 있다.

- **Photos of the Teacher**

  - 사진을 통해 교사의 취미, 좋아하는 것, 좋아하는 음식 등을 소개한다.

앞서 정해 놓은 교실 규칙을 학생들에게 소개하는 시간입니다. 규칙을 간단하게 정하는 것도 중요하지만 명확하게 소개하는 것은 더욱 중요합니다. 학생들이 큰 소리로 규칙을 말해보게 하거나 규칙 소개를 모두 마친 후에 다시 한 번 점검해 봅니다. 모두가 공유한 영어교실의 규칙을 프린트하여 교실 앞 부분에 상시 게시하고 명시적으로 보게 하는 것도 좋습니다.

집중 구호 소개하기 ●●●

수업시간에 앞으로 자주 사용하게 될 집중 구호를 소개하고 연습해 봅니다. 집중 구호의 구체적인 내용과 종류는 앞서 말씀드렸으니 여기서는 집중 구호를 소개하고 연습하는 방법을 제시하고자 합니다.

먼저 집중 구호를 언제 사용하는지를 설명합니다. 이 과정을 통해 학생들은 자신들이 집중 구호를 하고 나서 어떻게 행동해야 하는지를 이해하게 됩니다.

집중 구호의 필요성에 대해 설명하였다면 본격적으로 집중 구호를 연습합니다. 집중 구호는 서너가지 정도를 정해 연습합니다. 조용히 해야할 때, 교사를 봐야할 때, 친구를 함께 칭찬할 때, 하던 동작이나 활동을 멈출 때를 기준으로 사용하는 것을 추천합니다.

영어 공부의 목적 세우기 ●●●

"선생님 영어 공부 왜 해요?"

"저는 외국 안 나갈 건데요?"

"번역기 쓰면 되잖아요."

영어 수업을 하다 보면 이러한 학생들의 말은 피해갈 수 없는 단골 멘트입니다. 스스로 영어 학습에 대한 흥미를 느끼거나 열의를 보이는 친구는 많지 않습니다. 왜 배워야 하는가에 대한 의구심은 당연한 것이므로, 이를 완전히 해소시켜줄 수는 없더라도 영어교사로서 다음과 같은 이유를 들어 주거나 필요성을 느끼게 도와주어야 합니다.

첫째, 자아실현의 도구로써 영어가 필요합니다.

자신이 원하고자 하는 일을 하려고 할 때 영어가 걸림돌이 되지 않도록 해야 한다는 논리입니다. 실제로 취업에서 영어가 상당히 중요한 요인이고, 주변에서도 이같은 이유로 취업에 어려움을 겪고 있는 사례를 볼 수 있습니다. 자신이 원하는 것을 하고자 할 때 영어는 기본소양으로 갖추고 있어야 할 필수 요건이 되었습니다.

둘째, 내 언어의 한계는 내 세상의 한계입니다.

이 말은 오스트리아의 철학자 루트비히 비트겐슈타인이 한 말로, 영어를 배웠을 때 내 세상이 얼마나 확장될 수 있는지를 절감하게 하는 말입니다. 구글에서 한글로 검색했을 때와 영어로 검색했을 때 그 검색 결과의 수가 상당히 차이난다는 것을 쉽게 확인할 수 있습니다. 이는 곧 내가 접할 수 있는 정보의 범위로 이어집니다. 심지어 해외여행에서 현지인과 대화를 나눌 수 없는 상황은 내가 경험할 수 있는 그 나라 문화의 한계가 됩니다.

셋째, 이미 우리나라에서도 영어가 흔히 사용되고 있습니다.

우리 주변에서 찾아 볼 수 있는 영어는 무궁무진합니다. 학생들이 좋아하는 최신가요에서부터 게임, 간판, 핸드폰, 광고, 상품명까지 학생들도 이미 영어에 많이 노출되어 있습니다. 영어가 의미하는 것을 이해하면 생활이 더 편리해질 수 있음을 알게 하는 것도 좋은 방법입니다.

영어 필요성 알기

- **실생활 속 영어 찾아보기**
  - 주변에서 영어를 찾아보는 활동을 과제로 제시한다.
  - 찾아본 영어를 사진으로 찍어 공유하거나, 오려올 수 있는 것들은 오려서 스크랩한다.(잡지, 과자봉지 등)
  - 친구들이 가져온 사진이나 실물을 공유한다.

- **콩글리쉬를 찾아라!**
  - 주변에서 잘못 사용되고 있는 콩글리쉬를 찾아본다.
  - 교사가 직접 소개하거나 학생들이 조사해 보도록 한다.
  - 다양한 단어를 소개하며 영어인지 콩글리쉬인지 맞혀본다

〈콩글리쉬 예시〉

콩글리쉬	영어 표현
One-Piece(원피스)	Dress
Hand Phone(핸드폰)	Cell Phone
Eye Shopping(아이쇼핑)	Window Shopping
One Plus One(1+1)	Buy One Get One Free
Take Out(테이크아웃)	To Go

〈참고할 수 있는 유튜브 영상 자료〉
영국남자, Live Academy, 올리버쌤.

- **유튜브 댓글 찾아보기**
  - 학생들은 자신이 좋아하는 연예인의 유튜브 영상에서 영어 댓글을 찾는다.
  - 친구들과 찾은 문장들을 해석한다.
  - 자주 사용되는 단어 및 문장을 활용해 본다.

첫날은 아이들도 선생님도 서로 긴장하여 어색합니다. 서로에 대해 알아보고 분위기를 전환해 볼 수 있는 몇 가지 Ice Breaker 활동을 소개합니다.

Ice Breaker

- 당신의 이웃을 사랑하십니까
  ① 의자 개수를 학생 수보다 한 개 적게 준비하고 원형으로 둘러 앉게 한다.
  ② 첫 술래는 교사와 가위바위보를 하여 정한다.
  ③ 다양한 문장을 말하며 해당하는 친구들끼리 일어서 자리를 서로 교환한다.
  ④ 자리에 앉지 못한 학생이 다음 술래가 되어 게임을 계속 진행한다.
  ⑤ 이 때 사용되는 문장의 예시는 교사가 제시할 수 있다.
  (I have one brother, I'm 12 years old, I like English, I have long hair, I'm wearing glasses, My favorite food is chicken. etc.)

- Find Someone Who
  ① 10개의 문장이 적혀있는 종이를 나누어 준다.

내용	친구 이름
likes chicken.	
likes mint chocolate.	
has one brother.	
has one sister.	

내용	친구 이름
is wearing glasses.	
is tall.	
looks like a rabbit.	
can play the piano.	
can play the violin.	
can speak Chinese.	

② 학생들은 돌아다니며 문장에 해당하는 친구를 찾아 친구의 이름을 적는다.

③ 다 채운 학생은 자리에 앉는다.

④ 학생들이 채운 학습지를 보며 서로 발표한다.

4월
세계 문화 맛보기의 달

지금까지 교과서 진도를 열심히 달려오셨다면 하루 정도는 아이들과 문화의 날을 가져볼 시간이 되었습니다. 4월의 영어권 문화 행사에는 만우절April Fool's Day과 부활절Easter이 있습니다.

April Fool's Day

April Fool's Day의 기원 알아보기 ●●●

만우절의 기원은 명확하지는 않으나 그 기원은 유럽의 프랑스에서 시작되었다고 합니다. 달력을 그레고리력(양력)으로 받아들이기 전인 1564년까지는 4월 1일을 새해로 규정하고 있었는데 새로운 역법을 채택하게 됨에 따라 새해 첫날이 1월 1일로 바뀌었다고 합니다. 새해의 시작이 바뀌었음에도 불구하고 여전히 4월 1일에 새해를 기념하는 사람들이 남아있었는데 아무래도 한 번에 전통을 바꾸는 것이 쉽지 않앗겠지요. 점차 많은 사람들이 그레고리력에 익숙해짐에 따라 그 의미가 변화되어 4월 1일이 되면 가짜 새해 선물을 보내기도 했답니다. 이것이 만우절의 유래가 시작되었다는 설이 있습니다. 이러한 April Fool's Day의 기원을 달의 이름을 배우는 단원과 연계하여 학습해 봅시다.

Tip

- Google에 'the origin of April Fool's Day filetype : PPT'로 검색하면 만우절의 기원을 영어로 간략히 설명해 놓은 PPT 자료를 찾아 볼 수 있다.

수수께끼 풀어보기

만우절날 재미있는 수수께끼를 풀어보는 활동도 좋습니다. 영어로 된 수수께끼를 간단하게 제시하고 학생들이 모둠별, 또는 짝과 함께 풀어보는 활동을 제안합니다.

수수께끼 List

Q. What's the longest English word?
A. smiles. (s와 s 사이에 mile이 있기 때문에)

Q. How many months of the year have 28 days?
A. All of them! Every month has at least 28 days.

Q. It belongs to you, but your friends use it more. What is it?
A. Your name.

Q. 4. What two things can you never eat for breakfast?
A. Lunch and dinner.

Q. What's the capital of France?
A. The letter "F".

Q. If I have it, I don't share it. If I share it, I don't have it. What is it?
A. A secret.

Q. What can jump higher than a building?
A. Anything. (Buildings don't jump.)

Q. What kind of room has no doors or windows?
A. A mushroom.

Q. I'm orange, I wear a green hat and I sound like a parrot. What am I?
A. A carrot.

Q. What goes up but never comes back down?
A. Your age.

〈 출처: https://www.prodigygame.com/main-en/blog/riddles-for-kids/〉

Brainercise 도전하기 ●●●

Brainercise는 Brain+Exercise의 새로운 합성어로 짧은 시간 안에 집중해야 하는 다양한 활동들을 일컫습니다. 예를 들면 오른쪽 손으로 세모를 그리면서 왼쪽 손으로는 네모를 그리는 그러한 활동들을 말합

니다. 구글 및 유튜브에 'Brainercise'로 검색하거나 'Copy the Catman'
으로 검색하면 많은 검색결과를 볼 수 있습니다. 간단하게 다음과 같
이 몇 가지를 소개합니다.

① Shoulder Rock 'N' Roll : 왼쪽 어깨는 뒤로 돌리
면서 오른쪽 어깨는 앞으로 돌린다.

② I to the L : 오른손은 새끼손가락을 들어 I를 만들
고 왼손은 검지와 엄지로 L을 만든다. 양손을 바
꿔 왼손 새끼손가락으로 I을 만들고 오른손은 검
지와 엄지로 L을 만든다. 속도를 점점 빠르게 하
며 바꿔본다.

③ Pat And Rub : 머리를 두드리며 배를 문지른다.

〈 출처: https://youtu.be/dl4JKgad77k〉

부활절Easter

Easter에 대해 알아보기 ●●●

우리나라에서는 종교적 행사로서 부활절을 기리지만 영어권 문화에

서 부활절은 상당히 큰 행사이며 특히 아이들을 대상으로 다양한 행사가 펼쳐집니다. 기념일의 의미를 모른채 활동만 진행하기보다는 그 의미와 기원, 그날의 특별한 활동을 알아보도록 합니다. 부활절에 대한 경험을 자연스럽게 나누고 외국에서는 어떻게 부활절을 기리는지 다양한 동영상을 시청하는 것도 도움이 될 것입니다.

부활절 행사

- **Easter Egg Hunt**
  부활절을 상징하는 계란을 숨겨놓고 아이들이 찾는 일종의 보물 찾기 게임. 요즘에는 계란을 대신하여 초콜릿이나 캔디를 숨겨놓고 아이들이 바스켓에 담아오도록 함.

- **Easter Egg Roll at the White House**
  백악관에서 열리는 행사로 긴 스푼 모양의 막대기로 달걀을 깨뜨리지 않고 가장 멀리, 가장 빨리 굴리는 사람이 이기는 게임. 12세 이하의 아이들만 참가할 수 있음.

- **Easter Egg Parade**
  도시에서 화려한 퍼레이드를 개최함. 뉴욕시 5번가 퍼레이드가 가장 유명함.

- **부활절 카드 주고받기**
  크리스마스, 발렌타인데이, 어머니날 다음으로 카드를 가장 많이 보내는 날.

〈 출처: https://bonlivre.tistory.com/485 〉

Easter Day에 관련된 책을 함께 읽어봅니다.《Happy Easter, Mouse(by Laura Numeroff and Felicia Bond)》를 학생들과 읽고 물건의 위치를 설명하는 문장을 함께 학습하고 활동을 전개합니다.

이야기 만들기

① 학생들이 이야기를 만들기 위해 주로 사용할 등장인물과 소품들을 출력하여 나누어 준다.

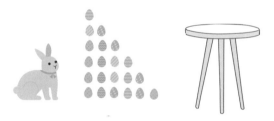

② 이야기에 포함되어야 하는 주요 구문들을 예시로 보여준다.
　Q : Where is the yellow egg?
　A : It's on the table.

③ 학생들은 소품을 이용하여 자신만의 이야기를 만든다.
　Q : Where is the yellow egg?
　A : It's on the table.

Tip

– 플라스틱에그를 구매하여 실제로 Egg Hunt(보물찾기)를 해보는 활동
도 추가할 수 있다. 플라스틱에그에 사탕을 담아 교실 및 학교 곳곳에
숨겨 놓고 함께 찾아보는 활동을 하면 학생들과 즐거운 시간을 보낼
수 있다.

5월
채움과 감사가 함께하는 달

학기 초가 지나고 5월이 되면 학생들은 새 학년, 새 루틴에 어느 정도 적응하게 됩니다. 그렇지만 이러한 새로운 루틴에 아직 적응하기 어려워하는 학습부진 학생들이 있다면 필요한 도움을 제공하여 영어학습 역량을 채워줄 수 있습니다. 또한 5월은 어버이날, 스승의 날 등 다양한 행사가 있는 달이기도 하므로, 이날을 기념하여 학생들이 웃어른들께 감사한 마음을 영어로 표현하는 방법을 지도합니다.

학습부진! 이렇게 지도해요

교사의 면밀한 관찰과 지원이 필요 ●●●

학생들이 가장 어려워하는 영역은 읽기와 쓰기입니다. 파닉스 phonics 지도가 충분히 이루어지지 않으면 학생들은 음가대로 알파벳을 발음하거나 철자를 외워서 쓰기를 할 때도 어려움을 겪습니다. 쉬운 구문의 경우 듣기와 말하기는 어느 정도 따라오더라도 읽기와 쓰기의 격차는 학년이 올라갈수록 커지게 됩니다. 따라서 영어를 처음 시작하는 초등학교 3학년부터 체계적으로 읽기와 쓰기 연습을 하는 것이 중요합니다.

무엇을 점검해야 하는가? ●●●

학생들이 알파벳 음가를 정확하게 이해하고, 알파벳을 구분하여 읽고 쓸 수 있는지 점검하는 것이 중요합니다. 학급 담임교사가 영어를 지도하는 경우에는 반복적으로 점검해 보고 연습을 시켜 알파벳을 완전히 숙지할 수 있도록 지속적으로 관심을 보여야 합니다. 영어 교과전담교사인 경우, 많은 학생들을 정해진 시간에만 지도해야 하므로 별도로 부진아동을 지도하는 것이 쉽지 않습니다. 하지만 틈새 시간 등을 이용하여 학생들의 학습 상황을 점검하고 꾸준히 지도한다면 영어 학습이 시작되는 단계부터 학습 격차를 최소화할 수 있습니다.

장시간의 연습이 필요한 학생의 경우 담임교사와의 협력이 필요합니다. 틈새 시간을 이용하여 개별 지도를 하거나 학생에게 별도의 과제를 제공한 후, 가정과 연계하여 학습을 지속하도록 담임교사의 협조를 구해야 합니다. 담임교사가 학생의 과목별 부진 정도를 파악하여 이를 보완하는 과정에서, 영어 교과의 경우 교과전담교사로부터 개별 학생의 학습 성취도에 관한 정보를 공유하여 협력 지도를 해 나가야 합니다.

꾸준함은 결코 헛되지 않다! ●●●

실제로 한글 읽기와 쓰기가 매우 부진한 학생 A가 있었습니다. 초등

학교 3학년임에도 불구하고 받아쓰기 시험을 보면 받침이 전혀 맞지 않게 쓰는 학생이었습니다. 이 학생에게 알파벳을 외우고 음가를 연습시키는 것은 정말 큰 숙제였습니다. 이러한 부진학생을 포함한 모든 학습자에게 적용되는 영어 학습의 왕도는 꾸준함입니다. 매일 아침에 알파벳과 음가를 연습시키고, 하교 후 10분여 정도 학습 내용 점검과 반복 지도를 하니, 마침내 대·소문자를 모두 구분하여 읽고 쓸 수 있게 되었습니다. 물론 실수가 반복되고 학습한 내용을 종종 잊어버리기도 했으나, 끝까지 노력하여 해냈다는 성취감은 무엇과도 바꾸기 힘든 경험이었을 것입니다. 학생과 학습 상담을 할 때에는 왜 영어를 꾸준히 학습해야 하는지와 더불어 성장과정을 칭찬하고 격려해 주는 것도 필요합니다.

부모님께 감사편지를 써요

언제 활용할까? ●●●

5월에는 학생의 날, 어버이날, 스승의 날 등 여러 가지 기념일이 있는 달입니다. 학생들과 영어 시간을 활용하여 간단한 영어 감사편지를 쓰는 것은 아이들과 부모님들 모두에게 특별한 추억이 될 것입니다. 문장 쓰기가 원활한 학생들의 경우, 교사가 예문을 제시하지 않아도 자신의 생각을 어느 정도 영어로 표현할 수 있습니다. 아직 완전한 문장 쓰기가 어려운 학생들에게는 적절한 문장의 예시를 보여주고 자신만의 문장으로 바꾸어 쓰도록 지도합니다.

문장의 예

- Happy Parents' Day!
  어버이날을 축하드려요!

- I feel so happy to come in this world as your son(daughter).
  제가 당신의 아들(딸)로 이 세상에 온 것이 정말 행복합니다.

- Thanks for helping me grow.
  저를 키워주셔서 감사드려요.

- Thanks for taking care of me.
  저를 잘 돌보아주셔서 감사드려요.

- Thanks for always giving me love.
  항상 사랑으로 곁에 있어 주셔서 감사드려요.

- Thanks for being my parents.
  저의 부모님이 되어주셔서 감사드려요.

- You're the best mom(dad) in the world!
  당신은 세상에서 가장 최고의 엄마(아빠)세요!

- I want you to be healthy for a very long time.
  부모님께서 오랫동안 건강하셨으면 좋겠습니다.

- I will try my best to be a good son(daughter) to you.
  당신께 좋은 아들(딸)이 되고자 최선을 다하겠습니다.

이때 교사는 편지를 쓰기 전, 학생 수 만큼 색지, 색칠 도구 등을 준비합니다. 편지지 패드와 봉투를 각각 대용량으로 구입하면 저렴하게 구입이 가능합니다.

6월
다양한 수업 고민의 달

6월은 학부모 공개수업이나 동료장학 등 수업을 공개하는 경우가 많습니다. 영어수업은 형태나 방법이 매우 다채롭기 때문에 창의적으로 구성할 수 있습니다. 공개수업 지도안의 구상 방법과 체험 중심의 영어수업 방법을 소개합니다.

학부모 공개수업 vs 동료장학 공개수업

학교별로 학사일정은 모두 다르지만, 보통 5~6월경에는 동료장학 공개수업이나 학부모 공개수업이 이루어지는 경우가 많습니다. 두 수업 모두 수업 장학 측면에서 의미 있는 활동이지만 성격이 조금은 다를 수 있기에 이러한 특성을 고려하여 공개수업을 준비하면 좋습니다.

　학부모들은 보통 자녀의 학습 장면과 태도가 궁금하여 공개수업에 참여합니다. 자녀의 수업 참여도가 낮은 경우, 학부모의 입장에서는 걱정이 됩니다. 따라서 학부모 공개수업을 위한 활동에는 역할극, 개별 발표 등의 활동을 통해 모든 학생들의 참여를 이끌고, 학생들이 부모님 앞에서 긴장하지 않고 적극적으로 발표할 수 있도록 환경을 조성하는 것이 중요합니다.

Tip 학부모 공개수업에 활용할 수 있는 활동

- 재미있는 동기 유발 활용하기
  학생들의 집중도를 높이기 위해 학생들의 사진, 동영상, 목소리 등을 삽입하여 동기유발자료로 사용하면 몰입도가 높아진다.

- 학생의 참여도가 많은 수업 활동
  역할극, 인터뷰, 프로젝트 학습의 산출물 발표, 모둠별 챈트 발표 등을 수업 활동에 포함시킨다.

　동료장학의 목적은 교사가 수업에서 수업 목표와 활동을 유기적으로 설계하였는지 알아보고, 학생들의 학습이 충분히 이루어졌는지 관찰하며 수업에 대하여 동료와 함께 성찰하는 것입니다. 수업의 구상

절차는 다음과 같이 이루어집니다.

수업 지도안 구성 절차 예시

① 단원의 목표, 내용을 살펴보기
② 단원의 학습언어표현 및 새로운 어휘 살펴보기
③ 공개하고자 하는 차시 결정하기
④ 학생의 수준(예를 들어 상·중·하 집단의 특성) 분석하기
⑤ 해당 차시 학습단계, 학습 활동 구상하기
⑥ 수준별 차이를 고려한 대안 활동 고안하기

수업 지도안을 완성하면 선배 교사에게 수업 내용과 과정에 대하여 전반적으로 조언을 얻어보는 것도 도움이 됩니다. 단계적으로 구성된 수업인지, 수업 활동들이 학습 목표 도달에 연관이 있는지, 활동 시간 분배가 적절한지, 형성 평가 등의 평가 계획은 적절한지에 대하여 조언을 구하면 더욱 질 높은 수업을 계획하는 데 도움이 될 것입니다.

다양한 체험 중심의 수업

예체능 교과와 접목한 수업 구상해보기 ●●●

영어 보물찾기

목표 문장이 적혀있는 쪽지를 미리 숨겨놓고 학생들과 보물찾기 게임 활동을 진행합니다. 팀을 나누어 제한 시간 동안 최대한 많은 쪽지를 찾아오도록 하고 찾은 쪽지에 적힌 문장은 큰 소리로 반복하여 읽기 연습을 합니다.

What's this? It's a hat.	What's this? It's a doll.	What's this? It's a book.	What's this? It's a cup.
Come here.	Go there.	Stand up!	Sit down!
Thank you.	That's Okay.	I'm sorry.	You're welcome.

보물찾기 문장 카드 출력

여름 리스 만들기

여름과 관련한 단어를 그림과 연결지어 연습하고 간단한 〈여름 리스〉를 만듭니다. 이때 그림의 단어들을 영어로 익힙니다.

리스 준비물
〈 출처: 인디스쿨 〉

즐겁게 완성했어요!

영어와 함께 하는 농구형 게임

농구형 게임은 학생들이 정말 좋아하는 체육 종목 중 한 가지입니다. 보통 3팀 정도로 나누어 번갈아가며 일대일경기를 할 수 있는데, 꾸준히 패스 연습 등을 통하여 농구형 게임을 할 수 있습니다. 영어 시간 보상으로 체육활동과 접목한다면 학생들은 정말 즐겁게 영어 활동에 적극 참여할 것입니다. 농구형 게임을 진행할 때 3팀 중 2팀이 먼저 경기를 하면 나머지 한 팀은 점수를 계산할 수 있습니다. 이때 점수를 영어로 말하며 점수판을 기록합니다. 게임에 참여하는 학생들은 자신의 위치를 알리는 말, 공을 패스하라는 말 등을 영어로 이야기할 수 있는데, 여기에 쓰일 수 있는 문장의 예시는 다음과 같습니다.

문장의 예

- I am here!   나 여기 있어!
- Pass me the ball, please!   공 패스해줘!
- Me!   나에게!
- ○○, take the ball, please!   ○○아, 공 잡아!
- It's our team's.   우리팀꺼에요.
- The ball is out of bounds.   공이 선 밖으로 나갔어요.
- I caught the ball first.   제가 공을 먼저 잡았어요.

7월
한 학기를 마무리하는 달

7월이 되면 학생들은 방학을 앞두고 몸과 마음이 들뜨게 됩니다. 상황에 따라 조금 다를 수 있지만, 이 시기가 되면 보통 교과서 진도가 마무리 된 후 1~2주 정도의 시간이 확보되는 시기입니다. 7월을 의미있게 보내기 위해서는 학생들의 학습 활동을 유지하며 방학을 준비하는 시간으로 운영합니다.

영어로 보드게임을 하자

학습 상황에서의 보드게임 ●●●

보드게임은 학생들에게 흥미를 제공하는 놀이 도구일 뿐만 아니라 학습효과가 있는 학습 도구이기도 합니다. 보드게임을 학습에 활용하는 과정에 가져올 수 있는 가장 큰 이점은 바로 학생 간의 상호작용 Interaction이 가능하다는 점입니다. 이 상호작용의 과정에는 카드를 교환하고, 전략을 사용하는 등의 행동적인 요소도 있지만, 영어 학습 상황에서의 가장 큰 이점은 의사소통 능력 향상에 있다고 할 수 있습니다. 게임에 참여하는 과정에서 참여자 서로 간에 영어를 사용하여 현실적인 의사소통과정에 참여함으로써 영어 학습에 대한 동기유발도 가져올 수 있습니다.

어떻게 활용할까? ●●●

단순한 흥미 유발만이 아닌 유의미한 학습 활동으로써 보드게임을 활용하려면 먼저 영어 학습과 관련한 목적을 분명히 해야 합니다. 학생들의 흥미와 수준을 고려하여 보드게임을 선택해야 하지만, 수업상황에서의 보드게임은 반드시 학습 목표 달성도를 고려하여 선택해야 합니다. 예를 들어 주요 표현을 반복 연습하게 할 목적인가? 아니면 일부 학습과정에서 부족한 부분을 채워 나갈 목적인가? 등을 고려해야 합니다.

보드게임은 수업 전 과정 중 일부분으로 사용되거나 수업 전체의 과정에서 사용될 수도 있습니다. 다만, 수업 장면에서 보드게임을 사용하고자 할 때는 게임 활동의 시간적 요소도 함께 고려하여 게임을 선택해야 합니다. 또한 보드게임의 기본 형식을 그대로 사용하거나 교사가 나름의 방식으로 재구성하여 제시할 수도 있습니다. 이때 고려해야 할 사항은 학생들의 수준입니다. 낮은 수준의 학생들에게 복잡한 규칙이 있는 게임을 영어로만 진행하라고 한다면 학생들은 흥미보다는 부담을 가지고 게임에 참여해야 할 수도 있습니다. 그러므로 교사는 게임의 규칙을 명확히 알 수 있고 학생들이 이해하기 쉬운 게임을 선택하도록 하고, 필요시에는 게임 규칙 설명시 교사가 우리말로 개입하거나 또는 간단한 규칙으로 변형해 주도록 합니다.

마지막으로 보드게임은 보통 개인 활동보다는 그룹 활동으로 진행되는 경우가 많습니다. 따라서 교사는 보드게임을 1세트만 준비하지 않고 같은 게임을 여러 세트로 준비하거나, 또는 다양한 보드게임을 여러 그룹이 돌아가며 활용하도록 사전에 준비하여 사용 규칙을 제시하여 활용할 수 있습니다.

보드게임 선정시 고려사항

● 학습 목적
- 파닉스 학습용인가? 단어 학습용인가? 문장 활용 연습인가?
- 학습 주제와 관련이 있는가?

● 학생들의 수준
- 규칙을 이해할 수 있는 수준인가? 영어로 이해할 수 있는가?

● 게임 소요 시간
- 40분 전체를 소요하는 게임인가? 아니면 그 이상 소요되는가?
- 수업의 일부에 활용할 수 있는 게임인가?

● 변형 가능성
- 학생들의 이해 수준으로 게임을 변형하는 것이 가능한가?
- 규칙을 설명하고 이해하는 데 짧은 시간으로 충분한가?
- 학습 목적에 맞게 변형 가능한가?

게임명		기본정보	적용 가능 학습 분야
보글 Boggle		알파벳을 활용하여 제한 시간 안에 많은 단어를 만들어 내는 게임 서로 접촉해 있는 알파벳을 사용해야 함	어휘
징고 Zingo		빙고Bingo와 비슷 게임 도구에서 나오는 그림(단어칩)을 빙고판에 맞추는 게임	어휘
왓츠누 What's Gnu?		3글자 단어 익히기 게임 자음과 모음을 구분하고, 알파벳 칩을 이용해서 뜻이 있는 단어를 만들어 내는 게임	파닉스 CVC 어휘 (consonant vowel consonant)
고피쉬 Go Fish		품사별로 게임 카드 시리즈가 다르게 구성되어 있음(동사, 명사, 형용사……) Do you have……? 표현을 사용하여 카드를 교환하는 게임 손에 카드를 남기지 않고 카드 짝을 많이 가지고 있는 사람이 승리	어휘 품사

바나나 그램스 Banana Grams		알파벳 칩을 사용하여 어휘를 만드는 게임 앞서 만들어진 어휘를 활용하 여 이어서 만들어 낼 수 있음	어휘
픽셔너리 Pictionary		단어 카드를 읽고 그림으로 나 타내면 그룹의 다른 구성원이 어떤 단어인지 맞추는 게임	어휘 (읽기)
애플스 투 애플스 Apples to Apples		명사 카드와 형용사 카드를 이 용하여 어울리는 단어를 조합 하는 게임 심판이 필요하며 승자가 카드 를 갖게 되는데, 많이 가진 사 람이 승리	어휘 형용사
스크래블 Scrabble		보드판의 알파벳에 짝을 맞추 는 게임 한 번에 낼 수 있는 알파벳이 제한되어 있고, 단어의 마지막 에 알파벳을 내는 사람이 점수 를 얻어가는 게임	알파벳
타부 Taboo		금지어를 말하지 않고 주요 어 휘를 설명하여 상대방이 제한 시간 안에 맞추도록 하는 게임	어휘 말하기

여름방학 영어캠프, 모집부터 활용까지

방학 중 교내 영어캠프의 목적

　거의 대부분의 학교에서는 방학 중 교내에서 영어 캠프를 운영합니다. 특히 원어민보조교사가 배치된 학교에서는 원어민과 함께하는 영어캠프를 필수적으로 운영하도록 하고 있습니다. 다양한 실험이나 공작, 프로젝트 활동 등을 다채롭게 구성하여 학생들이 경험해 볼 수 있도록 한다면 학생들에게 방학동안의 뜻깊은 추억을 선사해 줄 시간이 될 수 있을 것입니다.

캠프의 주제

　교내 영어 캠프는 보통 5~10일 정도의 기간 동안 운영하는데, 학교 사정이나 상황에 따라 다를 수 있습니다.

　캠프에서는 주로 학기 중에 시도하지 못한 다양한 주제를 가지고 활동하므로 교사는 미리 어떤 주제로 캠프를 운영할 것인지 고민해야 합니다.

영어 캠프 주제

● 교과서 중심 주제
각 학년 영어 교과서의 주제를 중심으로 확장된 프로젝트를 진행한다.

● 국제교류 캠프
다른 나라 1학급과 교류하며 언어교환, 문화교류 등을 진행한다.

● 보드게임 캠프
영어 학습 목적을 위한 다양한 보드게임을 활용하여, 학습한 영어 구
문을 실생활에 사용해본다.

● EBS 프로그램 활용 캠프
EBS 방과후 영어 교재를 활용하여 각 프로그램에 구성되어 있는 활
동들을 지도교사의 안내로 실시한다.

● 파닉스캠프
3~4학년 또는 고학년 중 영어 기초학습이 부족한 학생들을 중심으로
보충학습 성격의 캠프로 운영한다.

● 세계문화캠프
영어를 사용하는 국가들을 중심으로 그 나라의 영어 사용 환경과 문
화를 통해 다양한 문화 체험을 실시한다.

영어 캠프 스케줄 예시

	1월 2일 Thur.	1월 3일 Fri.	1월 4일 Sat.
1st Period 9:00 ~ 9:40 (40분)	Opening Ceremony 개강식, 명찰 만들기 (각 반에서 진행)	English Board Game 미국 아이들이 자주 하는 보드게임 배우기 (각 반에서 진행)	Native American Craft 미국 원주민 공예품 만들기
2st Period 9:50 ~ 10:30 (40분)	Scavenger Hunt 미션 수행 퀴즈	What is Beauty? 아름다움의 기준?	Story & Song 이야기와 노래
3st Period 10:40~ 11:20 (40분)	Art & Crafts 미술, 공예 활동	Cooking Class 핫도그 만들기	English Market 쿠폰으로 물건 사기

방학 동안의 자기주도 영어 학습 활동 안내

선생님! 영어는 방학숙제 없어요?

●●●

　최근에는 방학 과제에 대한 부담을 줄이고 학생들의 자기주도적 학습력 성장을 위해 과제를 최소한으로 제시하는 추세입니다. 학생들의 활동 결과물을 제출하는 방학 과제보다는 스스로 계획을 세워 꾸준히 노력한 과정을 보여줄 수 있는 과제를 내주는 것이 바람직합니다. 특히 영어 과목은 '매일, 조금씩, 꾸준히'가 중요한 교과이므로 방학 동안 영어 학습을 꾸준히 해 나갈 수 있는 과제를 고민하여 제시합니다.

1학기 학습 내용의 복습활동

과제	내용
1학기 단원명 적기	각 단원의 단원명과 주요 학습 내용(목표)이 무엇인지 스스로 정리하기(주별 2개 단원)
1학기 학습 단어 복습하기	1학기에 학습했던 단어 목록을 작성하여 학생들에게 배부하고, 일정 횟수 이상 반복하여 써 보기 또는 읽어보기
1학기 학습 표현 복습하기	주요 표현을 사전에 목록으로 작성하여 제공하고, 학생들이 방학 중 스스로 읽어보고 그 과정을 녹음하기
1학기 학습 주제 중 1개를 선택하여 프로젝트 활동하기	한 학기 동안 학습했던 활동 주제 중 가장 관심 있고 흥미롭다고 느낀 주제를 중심으로 다양한 프로젝트 활동하기(조사활동, 포스터 만들기, 이야기 꾸미기 등)

2학기 학습 내용의 예습활동

과제	내용
2학기 학습 주제 적어보기	각 단원 제목과 함께 단원에서 학습하게 될 학습목표 정리하기
2학기 교과서에 등장하는 단어로 단어장 만들기	보통 첫 차시에 주요 어휘가 제시되어 있으나, 그렇지 않은 경우 교사가 단어 목록을 작성하여 사전에 제공하기

기타 영어 자기주도학습력 향상을 위한 과제

과제	내용
온라인 독서 프로그램 참여	온라인 독서 프로그램을 운영하고 있는 경우 학생들에게 미션을 제공하고(몇 권 이상 읽기, 포인트 쌓기 등) 개학 이후 미션을 수행한 학생들에게 보상 제공
EBS 프로그램 활용 학습	EBS영어 학습 사이트(www.ebse.co.kr) 또는 EBS 초등 학습 사이트(primary.ebs.co.kr)에서 제공되는 프로그램 중 학생들의 수준을 고려한 프로그램을 안내하고, 학생 스스로 희망하는 학습 프로그램을 골라 자기주도적으로 학습하도록 함

EBS 추천 프로그램 – 추천 프로그램 목록(초등) ●●●

프로그램명	기본정보	학년 수준	분야
EBS 교과서영어	검인정 교과서(5종)의 학습 내용 제공 3~5분 내의 짧은 영상	all	all
펀리딩	단계별 읽기 자료를 제공 장르 선택이 가능 초등은 1~3단계로 단계선택 가능	all	읽기
Song Song Little Song	영어 동요를 부르며 학습 5분 이내의 짧은 영상	저	듣기 말하기
English Cook Cook	요리를 주제로 영어학습 요리의 과정을 통해 영어 구문을 익히고 표현	저~중	말하기

Phonics Hunter	챈트, 스토리애니메이션 등을 이용한 파닉스 학습	저	말하기
Pop Song으로 배우는 영어	유행하는 팝송과 가사의 의미를 학습	고	말하기

〈 출처 : EBSe(www.ebse.co.kr), EBS초등(primary.ebs.co.kr) 〉

8월
새 학기를 시작하는 달

2학기를 준비하며

이제 여름방학을 마무리하고 2학기를 시작해야 할 시기입니다. 교사의 방학은 휴식과 재충전의 시간이기도 하지만 새로운 학기, 새로운 학년도를 준비해 가는 매우 중요하고 소중한 시간입니다. 이 시기 동안 새 학기 준비를 철저히 해 두면 학생들에게도 교사에게도 알찬 2학기를 맞이할 수 있을 것입니다.

2학기 교육과정 재성하기 • • •

① 각 단원별 성취기준 정리하기

영어는 검인정 교과서를 사용하기 때문에 각 단원별로 성취기준이 명확히 연결되어 있지 않으므로, 사전에 교과서 각 단원별 내용을 분석하여 각각의 성취기준을 분석합니다.

② 이전 학습 내용과의 관계 분석하기

영어교과는 각 학년, 각 단원의 내용이 분리되어 있지 않고 연계되어 있으므로, 이전에 학습한 내용과 새로 학습하게 될 내용을 연계하여 그 관계를 분석합니다.

③ 핵심 어휘, 핵심 문장 추리기

각 단원별로 학생들이 학습하게 될 핵심 어휘와 핵심 문장을 분석하면 각 단원의 인과관계가 보이는데, 이때 단원의 순서대로 학습할지, 단원의 순서를 바꾸어 학습할지, 또는 단원을 융합하여 학습할지 등 큰 틀을 계획합니다.

④ 학습량의 적정화, 학습순서의 재구조화, 학습활동의 재구조화

수업 일수와 수업 시수에 따라 2학기 학습내용을 분석하여 학습량을 조정하고 순서를 재구조화하는 과정이 필요합니다. 이때 필수 학습 요소와 성취기준을 포함해야 하며, 학생들의 수준별 수업 내용도 고려합니다.

학습 순서는 단원의 순서대로 진행할 수도 있지만, 앞서 분석한 핵심 어휘나 핵심 문장을 바탕으로 관련된 학습 단원끼리 순서를 바꾸어 진행할 수도 있습니다. 이때 교과서에 제시된 학습 활동을 그대로 활용하는 경우도 많지만, 학생들의 흥미도와 수준 등을 고려하여 학습 활동을 통합적으로 운영하거나 새로운 학습 활동으로 교체하여 진행할 수 있습니다.

⑤ 각 영역별 평가 방향 및 평가 방법 정리하기

학습 지도와 관련하여 평가 역시 미리 고려해야 할 사항 중 하나인데,

영어의 듣기, 말하기, 읽기, 쓰기 영역을 평가하기에 적절한 단원을 선택하고, 어떤 평가 기준에 따라 어떤 방법으로 진행할지를 결정합니다.

과정중심 수행평가를 위하여 일회성의 평가보다는 일정 기간 동안 학생들의 학습과정을 누적하고 관찰하여 발전 정도를 파악할 수 있는 평가 내용들로 구성하는 것이 좋습니다.

⑥ 주제 관련 자료 정리하기

각 교과 단원에 제시된 학습 활동을 그대로 사용하기도 하지만, 학생들의 수준과 흥미도에 따라서 교사의 영어교육 지식을 활용해 다른 학습 활동으로 바꾸어 지도하게 된다면 이를 미리 준비하고 계획하는 것이 필요합니다.(예 : 관련 주제의 영어 그림책 활용)

2학기 시작, 학생들을 맞이하며

막상 2학기가 시작되면 방학이 언제였냐는 듯 매우 바쁘게 하루하루가 돌아갑니다. 2학기 시작을 위한 매뉴얼을 가지고 꼼꼼히 체크하며 준비해 둔다면 몸은 바쁘지만 마음은 여유로운 2학기를 맞이할 수 있을 것입니다.

영어교실 정리 및 자리배치

방학 동안 사용하지 않아 먼지가 많이 쌓여 있는 교실을 구석구석 깨끗하게 청소하고, 사람의 손길이 닿지 않아 어수선한 부분은 단정하게 정리합니다. 학생들의 책상과 의자를 점검하고 안전한 수업 환경을 조성합니다. 또한 학생들의 학습에 효율적인 자리배치를 고안하여 미리 준비하고 학생들이 교실에 들어오는 첫날 각자의 자리를 배정해서 혼란이 없도록 합니다.

영어교실 기기 점검 및 교구 정리

컴퓨터와 TV가 잘 연결되어 작동하는지, 노후화된 교구는 없는지 세심하게 점검합니다. 사소한 일이라고 생각하거나 잘 되겠지 하고 짐작하며 이 과정을 소홀히 하면 첫날부터 우왕좌왕하는 일로 시간을 보내게 될 수 있습니다. 모든 일은 첫 단추가 중요합니다.

2학기 학생명부 준비

교과전담의 경우에는 많은 학생들을 동시에 관리해야 하므로 학생명부는 필수입니다. 방학 중 전입 온 학생들이 있거나 전출 간 학생들은 없는지 각 반 담임교사를 통해 미리 파악하여 학생명부를 새로 준비합니다. 학생 명부에 학생들의 1학기 성취도를 메모해 두면 수업 중에 더 많은 도움이 필요한 학생들을 미리 파악할 수 있습니다.

첫 시간 아이스 브레이킹Ice Breaking

방학 동안 한 일 중 가장 기억에 남는 일을 돌아가며 표현해 보는 시간을 가집니다. 초등 고학년의 경우에는 1~2문장으로 표현하는 것이 가능하지만, 3~4학년의 경우에는 문장으로 표현하기 어려울 수 있으므로 그림과 함께 1~2단어 정도로 자신의 방학 기간 중 기억에 남는 일을 발표하는 시간을 가집니다. 이때 학생들이 참고할 수 있는 몇 가지 단어를 미리 제시해 주거나 선생님의 여름방학에 대해 먼저 소개하는 활동으로 시작한다면 학생들의 부담감을 줄일 수 있습니다.

진진가 : 진(진짜), 가(가짜)

- 방학 동안에 했던 일 중 진짜 한 일과 가짜로 한 일을 카드 당 1개씩 적고 친구들이 진짜와 가짜를 맞게 하는 게임
  ① 각자 한 일(진짜 2개, 가짜 1개)을 카드 3장에 나누어 적는다.
  ② 친구들을 만나 Rock, Scissors, Paper!
  ③ 이긴 사람이 먼저 질문한다.
  What did you do during the summer vacation?

④ 진 사람은 자신이 가진 카드 중 1장의 카드에 대해 대답한다.
I visited my grandparents.
⑤ 대답을 듣고 그것이 진짜인지 가짜인지 맞혀 본다.
(진짜라고 생각하면) Sounds good! (가짜라고 생각하면) No kidding!
⑥ 상대방이 진짜 한 일을 맞추면 'You're right!'라고 말하고 그 카드를 준다. 상대방이 틀리면 'You're wrong!'이라고 말하고 다른 친구를 찾아간다.
⑦ 카드가 없으면 가위바위보 없이 대답을 하며 카드를 획득할 수 있고, 상대방으로부터 얻은 카드를 이용해 계속 활동을 이어갈 수도 있다.

교실 규칙 확인

1학기에 세워 놓았던 교실 규칙을 학생들과 다시 한 번 점검하며, 알차고 뜻깊은 2학기 영어수업을 다짐하고 약속합니다. 이때 1학기에 사용한 보상 시스템이 있다면 함께 점검하는 시간을 가집니다.

1학기 내용의 진단활동

2학기를 시작하며 1학기에 학습했던 내용을 학생들이 내면화하고 있는지를 파악하는 일은 매우 중요합니다. 앞서 이야기한 바와 같이 영어는 단편적인 지식 습득을 목적으로 하는 교과가 아니라 내면화된 학습의 누적을 통해 심화하고 발전해 가는 과목이기 때문입니다.

2학기 교육과정의 재구성 과정에서 여유가 있다면 1학기 학습내용을 복습하는 시간을 가져보도록 합니다. 만약 전체 학생을 대상으로

1학기 내용을 복습할 수 있는 충분한 시간을 갖지 못할 경우에는 간단한 테스트 등의 진단활동을 실시하고 그 결과를 토대로 보충 지도를 실시할 수도 있습니다.

9월
독서의 달

영어책은 '살아 있는 영어'를 배우기에 매우 좋은 학습 도구입니다. 더불어 재미있고 자연스럽게 영어를 학습할 수 있습니다. 인터넷을 통해서도 영어 학습 컨텐츠에 매우 쉽게 접근할 수 있지만 학생들은 여전히 책장을 넘기며 소리와 촉감을 느끼고 자신의 호흡에 맞춰 책을 읽는 것을 즐거워합니다. 신선한 바람이 부는 가을, 학생들과 함께 영어책 읽기에 한 번 도전해 보는 건 어떨까요?

영어 독서 프로그램을 운영해 보자

꾸준한 영어 독서 습관 ●●●

영어교실이나 교내에 영어책이 다양하게 구비되어 있다면 영어독서 지도를 해보세요. 교내에 영어 도서가 구비되어 있지 않더라도 가까운 도서관이나 가정에서 소장하고 있는 영어책을 활용할 수도 있습니다.

　학생들이 영어책에 흥미를 가질 수 있도록 학생 수준을 고려한 교과 활동 주제 관련 영어 도서를 선정하여 수업 중 읽어 줍니다. 또한 학생들이 꾸준히 영어 독서를 할 수 있도록 간단하게 독서기록장을 제작하여 나누어 줍니다. 영어책만 준비되어 있다면 학기 초부터 꾸준히 활용하는 것이 효과적입니다.

Tip

– 독서기록장 제작

독서기록장은 학생들이 간편하게 들고 다닐 수 있도록 A5사이즈 (148x210mm)로 제작한다. 독서기록장 속지를 A5 사이즈로 잘라 쫄대파일에 꽂으면 제작이 간편하다.

　＊ 검색 키워드 : A5 쫄대파일

– 독서기록장 속지

독서기록장 속지는 책 이름, 작가, 읽은 날짜, 인상 깊은 장면, 주요 어휘, 좋았던 문장 등을 적을 수 있도록 만들어 2쪽 모아찍기로 인쇄한다.

– 쿠폰과 도장 제작

독서기록장 1쪽당 도장 1개를 찍어 주고, 도장 10개를 모으면 간식이나 선물을 제공한다. 쿠폰은 독서기록장에 끼워서 다니거나 영어교실에 비치된 명함꽂이에 반별로 두고 다닌다.

　＊ 검색 키워드: 학원 쿠폰 제작, 쿠폰 만년 도장 제작, 4단 명함꽂이

Tip

– 스티커 제작

영어교실 내 도서를 가정으로 대여할 경우 분실 방지를 위한 스티커 인데, 스티커에 책 레벨을 써주면 좋다. (Level 1~4)

* 검색 키워드: 스티커 주문 제작(원형 80x80mm 사이즈 이상, 가격은 1,000장에 3만원 정도)

– 독서기록장 검사

일주일에 한 번씩 독서기록장을 검사하고 쿠폰에 도장을 찍어준다. 1권당 1쪽을 기본으로 하되, 글밥이 많은 챕터북의 경우 영어책 10쪽 당 독서기록장 1쪽을 쓸 수 있도록 안내한다.

– 명예의 전당

도장을 완성한 학생들의 쿠폰은 따로 포켓차트를 이용해 게시하여 학 생들의 성취감과 지속적인 독서 습관을 독려할 수 있다.

학기말 교과학습 발달상황에 쿠폰을 모은 학생들의 결과를 활용해도 좋다. (예: 영어책 읽기와 독서기록장 작성을 꾸준히 실천하여 영어 문장을 읽 고 의미를 파악하는 실력이 향상됨.)

10월
이색 체험 할로윈의 달

10월 31일은 많은 나라의 사람들이 축제처럼 즐기는 할로윈 데이입니다. 우리의 고유 명절은 아니지만 요즘 학생들에게는 하나의 놀이 문화처럼 자리한 특별한 날이기도 합니다. 영어권 문화를 익히고 체험한다는 의미에서 영어 수업 시간에 할로윈 데이 이벤트를 즐겨본다면 재미뿐만 아니라 영어 학습에 대한 관심과 흥미를 높일 수 있을 것입니다.

할로윈의 유래와 의미를 이해하고, 관련된 다양한 체험 활동을 접목시킨 영어수업을 이벤트로 준비한다면, 실생활의 영어표현도 배우고 다른 나라의 문화도 체험해보는 즐거운 경험을 할 수 있을 것입니다.

할로윈, 오감만족 체험활동

할로윈 관련 어휘들을 학습한 후 볼클레이로 해당 단어를 만들어 보는 활동입니다. 단어의 철자를 볼클레이로 만들어 종이에 붙이고, 가랜드로 만들어 교실에 게시합니다.

만드는 방법

- **준비물**
  검정색 도화지, 볼클레이 점토(노란색 또는 주황색), 마끈

- **방법**
  ① 볼클레이로 할로윈과 관련된 단어의 글씨를 모양을 잡아 만든다.
  ② 단어와 관련된 사진을 인쇄해서 붙인다.
  ③ 완성된 단어카드를 마끈을 이용해 연결한다.

- **할로윈 관련 어휘**
  3~4학년 : Pumpkin, Witch, Mummy, Ghost
  5~6학년 : Skeleton, Creepy, Graveyard, Haunted House

할로윈 램프 꾸미기 •••

할로윈의 대표적인 소품인 '잭오랜턴'을 활용한 활동입니다. 호박을 준비하여 조각하는 번거로움을 간소화하여 종이컵과 LED 촛불만으로도 할로윈 램프를 꾸며 볼 수 있습니다. LED 촛불은 대량구매 시 100원대로, 가격도 저렴합니다.

만드는 방법

- **준비물**

  (주황색)종이컵, LED촛불, 검정색 사인펜

- **방법**

  ① 주황색 종이컵에 검정색 사인펜으로 그림자를 그린다.

  ② LED 촛불을 종이컵 아래에 넣는다.

  ③ 스위치를 켠다.

할로윈 램프

할로윈 이미지

Tip 추천 키워드

Halloween Window Silhouette
Shadow of Witch
Jack-O'-Lantern

할로윈 패션쇼 ●●●

재미있는 할로윈 의상을 입은 인물 사진을 준비합니다. 위트와 풍자가 있는 사진 위주로 선별합니다. 학생들이 심사위원이 되어 각 의상에 점수를 매기고 그 이유를 말합니다. 이때 학생들이 사용할 수 있는 형용사 어휘를 함께 제시하면 효과적입니다.

만드는 방법

● **방법**
 ① 교사가 10장의 할로윈 의상 후보 사진을 준비한다.
 ② 학생들은 모두가 심사위원이 되어 각 사진에 대해 점수를 매긴다. 1점부터 10점까지 점수를 줄 수 있으며, 자신의 생각을 함께 적는다.
 ③ 학생들이 사용할 수 있는 형용사 어휘 리스트를 함께 제공하면 좋다.

● 학습지 예시

I would rate this costume _____ points(1~10).

I (like / don't like) this costume.

Because it is _____.

Adjective List			
terrible	scary	exciting	ridiculous
boring	funny	amazing	terrific
clever	interesting	sad	awesome

손가락 쿠키 만들기 ●●●

할로윈을 소재로 할 수 있는 간단한 쿠킹 활동입니다. 준비물도 간단하고 만드는 시간도 짧지만 학생들이 매우 열광하는 쿠키 만들기 활동을 소개합니다.

만드는 방법

● 준비물

스틱형 과자(맛동산), 초코데코펜(딸기초코), 누텔라 잼, 아몬드 슬라이스, 젤리 등

- **방법**

① 스틱형 과자에 초콜렛(누텔라)을 바른다.

② 초코데코펜이나 젤리, 아몬드 등으로 손가락처럼 과자를 장식한다.

③ 아몬드 슬라이스로 손톱모양을 만든다.

페이스 페인팅 ●●●

할로윈 데이가 되면 상처나 흉터 모양의 스티커를 얼굴에 붙이고 학교에 오는 학생들을 볼 수 있습니다. 학생들과 페이스 페인팅 활동을 통하여 할로윈 분장을 대신해 볼 수 있습니다.

만드는 방법

- **준비물**

페이스 페인팅 물감, 페이스 페인팅 펜타입

- **방법**

① 쉽게 그릴 수 있는 간단한 할로윈 관련 일러스트를 몇 가지 예시로 준비한다.

② 손등, 친구 얼굴에 일러스트를 그린다.

- **유의사항**

① 그림을 그리기 전, 다른 사람이 보았을 때 징그럽거나 거부감이 들지 않은 정도의 기준을 꼭 얘기하는 시간이 필요하다.

② 어린이용 타투 스티커로 개성 있는 분장을 할 수도 있다.

할로윈의 대표 활동인 'Trick or Treat' 활동이 다소 단순하게 느껴진다면 보물찾기로 변형하여 운영해 볼 수 있습니다. 교실 곳곳에 간식을 숨겨놓고 학생들이 찾아보도록 합니다. 간식으로는 사탕이나 스틱형 액상 차, 우유에 타 먹을 수 있는 초콜렛 가루를 활용할 수도 있습니다.

● **준비물**

플라스틱 캡슐(지름 6cm 이상), 간식

● **방법**

① 간식을 플라스틱 캡슐에 넣고 학생 인원수보다 여유있게 준비하여 교실 곳곳에 숨긴다.

② 학생 인원수만큼의 캡슐을 모두 다 발견하면 간식을 가질 수 있다.

  * 보물 찾기 과정에서 발생할 수 있는 안전사고에 대비하여 주의를 준다.

11월
도전의 달 : 영어팝송 페스티벌

초등학교에 영어교육이 도입되던 당시 영어학습 흥미 고취를 위해 학교마다 각종 영어 관련 대회가 성행했습니다. 개최 목적이 학습 흥미 유도를 위함 것이었음에도 불구하고 '대회'의 성격상 입상에 치중하거나 학생들에게 과도한 경쟁의식을 유도한다는 반대의 목소리도 있었습니다. 이에 공교육 본래의 취지를 살리고자 현재는 많이 축소하거나 축제의 형태로 변형하여 운영하는 학교가 많아졌습니다.

하지만 교육적인 방식으로 운영되는 대회나 행사는 학생들에게 도전의식을 심어주고, '나도 영어를 더 잘하고 싶다.'라는 긍정적인 자극을 줄 수 있습니다. 영어를 능숙하게 하지 못하더라도 즐겁게 참여할 수 있는 기회를 주는 것만으로도 학생들은 본인의 끼와 개성을 살려 영어학습을 즐길 수 있을 것입니다.

도전! 영어팝송 페스티벌

연간영어교육계획에 행사 일정 및 예산 편성하기 ●●●

학년 초, 연간영어교육을 계획할 때 행사의 일시, 장소, 대상학년 및 세부내용(심사기준표)과 필요한 예산을 포함시킵니다. 행사 진행에 필요한 물품이나 상품 준비를 위한 예산을 확보하여 풍성한 행사 운영을 계획합니다. 학기 초 관련 예산을 확보하지 못한 경우, 추경 예산을 신청하여 필요한 비용을 확보할 수 있습니다.

심사기준표에는 가사전달력, 가창력, 태도(협력) 등의 요소를 기준으로 포함하도록 하고, 직접 대면하여 대회운영이 어려울 경우를 대비하여 비대면대회에 대한 운영 계획도 함께 세워두는 것이 좋습니다.

영어팝송 소개하기 ●●●

영어팝송으로 영어학습에 대한 매력을 느끼도록 유도하는 것은 예나 지금이나 다르지 않습니다. 가끔 교실 분위기가 가라앉을 수 있는 아침, 신나는 팝송으로 학생들의 뇌를 깨우고 팝송을 부르며 영어학습에 대한 흥미를 느끼는 학생도 많습니다. 특히 고학년의 경우, 내용도 좋고 멜로디도 아름다운 팝송을 선별하여 학생들에게 들려주거나 따라 부르게 하며 수업 분위기도 살리고 영어에 재미를 느끼게 하다보면 영어를 어려워하던 학생도 영어에 관심을 보이는 흐뭇한 순간을 보게 될 것입니다.

행사 준비

① 행사홍보 (일시, 장소, 심사기준, 시상계획, 포스터 만들기, 신청 방법 안내 등)
학기 초부터 행사에 대한 홍보를 해두면 팝송에 더욱 관심을 갖게 할
수 있다. 대회는 11월이지만 10월 중순부터 행사 관련 포스터를 학생
들과 함께 제작해 본다.

② 심사위원 선정
가사전달력, 가창력, 태도 등을 심사기준으로 삼고 2~3인의 교사가
모든 참가자를 심사할 수 있다. 비대면대회인 경우, 패들렛에 학생들
의 영상을 교사가 정리하여 올린 후, 다른 학생들이 심사에 참가하게
하는 방법도 있다.

③ 행사 당일 (영상자료로 취합 가능)
참가대상 학생들의 순번을 추첨으로 정한 뒤, 순서에 따라 팝송 부르
기를 진행한다. 참가자에게는 입장과 퇴장, 인사하는 방법 등 간단한
무대 매너를 가르치고, 관람 학생들에게는 관객으로서의 예절(끝나면
박수치기, 떠들지 않기 등)을 안내한다.

④ 버스킹
심사결과 1, 2, 3등을 한 참가자에게는 교내 버스킹 무대나 학교 방송
을 통해 노래를 다시 부를 수 있는 기회를 주어 학생들의 다양한 끼와
재능을 한껏 뽐낼 수 있는 기회를 줄 수 있다.

Tip 지도 방법

- 팝송 곡 선정 시 유의점

학생의 수준이나 흥미를 반영하여 팝송을 선별하되, 팝송지도나 팝송 페스티벌을 열기 전에 곡의 가사 내용이 적절한지를 사전에 반드시 점검해 봐야 한다.

- 팝송 지도 팁

곡의 재생 속도를 달리하여 난이도를 조절한다.

* 곰플레이어 배속 조절 단축키(12배속에서 0.2배속까지 설정 가능)
- ● 기본재생 : Z
- ● 재생 속도 느리게 : X
- ● 재생 속도 빠르게 : Y

- 팝송 지도시 유용한 사이트

www.englishlyrics.com

유명 팝송을 통해 영어를 배울 수 있는 유용한 사이트이다. 학습자의 수준에 맞춰 노래 가사 중간에 들어가는 빈칸 채우기 문제를 풀 수 있다.

12월
나눔과 배움의 달

12월은 종교를 막론하고 모두가 설레는 크리스마스가 있는 달입니다. 이쯤에는 학기말 수업 진도가 거의 마무리된 상황이라 학습에 대한 부담이 많이 줄어 보다 다양한 활동을 시도해 보기도 합니다. 크리스마스와 관련된 문화를 배우고 카드에 넣을 문구를 영어로 써보며 크리스마스를 준비해 봅시다.

"나만의 크리스마스 이야기"

크리스마스 절기 교육 및 영미권 문화 배우기 ●●●

영어 수업은 단순히 언어 학습만을 위한 시간이 아니라 세계 시민으로서 전 세계의 문화를 배워가는 시간이기도 합니다. 다른 나라의 크리스마스 문화는 어떠한지에 대한 사진이나 영상 자료를 함께 보며 이야기를 나눌 수 있습니다. 누구나 익숙하게 알고 있는 크리스마스의 간단한 유래부터 실제 어떻게 보내는지에 대한 문화 이해 관련 활동도 함께 제시하도록 합니다. 나라마다 이색적인 크리스마스 문화를 살펴보면 해당 나라의 다양한 종교, 역사, 문화적 특징 및 에티켓까지 살펴볼 수 있는 기회가 됩니다. 크리스마스 트리 아래 선물 포장은 왜 뜯지 않고 그대로 쌓아 두는지(다른 때의 선물은 받으면서 선물을 풀어보는 것이 매너이나 크리스마스 선물만큼은 트리 밑에 두었다가 가족들과 함께 뜯어본다.) 호주에서는 왜 산타클로스가 선글라스를 낀 채로 썰매 대신 서핑보드를 이용하는지, 트리 대신 인공거미줄을 장식에 사용하는 우크라이나의 풍습 등 여러 나라의 색다른 모습에 대해 얘기를 나눌 수 있습니다.

크리스마스 카드 만들기에서도 예쁘게 꾸미는 것에만 치중하지 않고 크리스마스 카드를 쓸 때 쓰면 좋은 다양한 영어 문구, 카드를 주고받을 때의 에티켓(크리스마스 카드를 받으면 회신을 하는 것이 예의라는 것 등)을 알아볼 수 있습니다.

학년간 교류 행사

Story Time 전통 만들기 ●●●

크리스마스를 학교에서 몇 해 지내다 보면 '어떻게 하면 크리스마스를 보다 뜻깊게 지낼 수 있을까?' 하는 고민을 하게 됩니다. 졸업을 며칠 앞둔 6학년 학생들을 대상으로 특별한 추억을 남길 수 있는 학년간 교류 활동을 마련해 볼 수도 있습니다.

"너희가 졸업 전에 학교의 아름다운 전통을 하나 만들고 가는 것에 대해 어떻게 생각하니? 너희는 학교를 이미 떠나가고 없겠지만 후배들이 나중에 생각했을 때, '아, 우리에게 저런 멋진 선배가 있었지. 나중에 나도 같은 모습으로 후배들에게 좋은 것을 남기고 내가 다녔던 초등학교가 계속해서 발전하는 모습을 보고 싶다.'라는 마음이 들게 말이야."

선후배 간에 특별히 교류를 할 기회가 없던 학생에게 졸업전 후배들에게 읽어줄 만한 영어 그림책을 직접 고르게 합니다. 교사는 영어 그림책 선정에 필요한 책 목록과 간단한 에티켓 등을 지도합니다. 학생들이 책 선정을 어려워하거나 책 고를 시간이 촉박할 경우, 교사가 몇 가지의 영어 그림책을 2~3권 정도 소개한 후 전체 학생이 1권의 도서를 선정하게 해서 모든 학생들이 다 같이 읽게 하는 방법도 있습니다.

실제로 학생들은 다른 어느 때보다도 후배들에게 멋진 모습을 보여주려고 책 읽기 연습을 게을리하지 않습니다. 학생들은 후배들에게 책을 읽어준 후 교사가 따로 시키지도 않았는데 학교생활 잘하라는 덕담을 건네는 따뜻한 장면을 보여주기도 합니다.

졸업생 Q&A(Questions and Answers) 시간을 함께 운영해 볼 수도 있습니다. 사전에 후배들이 선배들에게 궁금했던 질문이 담긴 쪽지를 선배들이 직접 뽑아 답변하는 시간을 마련합니다. '어떻게 하면 친구를 잘 사귈 수 있나요?' '어떻게 하면 영어나 수학 공부를 잘 할 수 있나요?' 같은 현실적인 질문부터 '나도 어렸을 때는 친구가 많이 없었는데, 일단 얼굴 표정부터 밝게 하려고 노력했더니 좋은 친구를 만날 수 있게 되더라.'라는 경험에서 우러나온 의젓한 선배들의 답변도 기대할 수 있을 것입니다.

학년간 교류행사

● 졸업생 Q&A
① 후배 학년 학생들이 졸업생에게 궁금한 점을 쪽지에 적게 한 후, 티슈 상자에 미리 모아 놓는다.
① 행사 당일, 졸업생이 직접 쪽지를 뽑고 질문에 답을 한다.
③ 질문에 추가 답변을 하고 싶은 학생이 있는 경우, 발언의 기회를 줍니다.

● 선물교환
Q&A 시간 후에 간단한 선물(과자나 간식 등 2,000원 이하의 선물) 교환식을 준비할 수도 있다. 사실, 학생들은 이 순간을 가장 설레며 기다린다.
선물(2,000원 정도) 마련에 대해 미리미리 안내함으로써 학생들이 선물을 고르고 준비하는 데에 충분한 시간적 여유를 갖게 한다.

크리스마스에 함께 읽으면 좋은 책 리스트

- **If You Take a Mouse to the Movies** by Laura Numeroff
- **Merry Christmas, Big Hungry Bear!** by Don&Audrey Wood
- **Olivia Helps with Christmas** by Falconer, Ian
- **Touch and Feel Christmas** by Greene
- **The Best Christmas Present Ever!** by Ben Mantle
- **The Christmas Alphabet** by Robert Sabuda
- **The Twelve Days of Christmas** by Robert Sabuda
- **Father Christmas** by Raymond Briggs
- **How Santa Got His Job** by Krensky, Stephen
- **How Santa Lost His Job** by Krensky, Stephen
- **The Jolly Postman** by Ahlberg, Janet, Ahlberg, Allan
- **The Empty Stocking** by Richard Curtis

CHAPTER 03

영어 수업
잘하는 교사는

특별함이

있다

효과적인 알파벳 지도 아이디어

영어 학습의 시작은 알파벳을 익히는 활동에서부터 출발합니다. 특히 영어를 처음 접하는 어린이들이 알파벳을 학습하면서 영어에 대한 흥미와 자신감을 느낄 수 있도록 지도하는 것이 중요합니다. 수업에서 효과적으로 학생들에게 알파벳을 지도하는 방법과 수업에 도움이 되는 자료들을 소개해드리고자 합니다.

☑ 알파벳을 대하는 우리들의 자세
☑ 알파벳 학습 활동 아이디어

알파벳을 대하는
우리들의 자세

신비한 꼬부랑 글자

만약에 여러분들이 베트남어를 배운다고 생각해 보십시오. 어디서 본 듯 익숙하면서도 낯선 기호가 글자 하나하나에 보이고, 이것을 단시간에 익혀야 한다고 생각해 보십시오. 낯설고 어려운 이 과정을 넘기기란 어른들에게도 버거운 일일 것입니다. 영어학습도 마찬가지로 학생들에게는 낯설고 어려운 과정일 수 밖에 없습니다.

교실 수업 속 알파벳

대부분의 초등학교 영어 교과서에는 알파벳 학습을 각 차시별로 묶어 제시하고, 짧은 시간 안에 알파벳을 모두 습득하도록 구성하고 있습니다. 그러나 이를 가르쳐 본 선생님이라면 절대 단시간에 뚝딱 해결할 수 없는 과정임을 알 것입니다. 이 과정을 순탄하게 넘어가지 못 한 학생들은 그 벽을 6학년이 되도록 넘지 못하는 경우를 볼 수 있습니다.

따라서 알파벳 학습은 영어 학습 초기의 매우 중요한 단계로서 구체적인 지도 시기와 방법을 결정하고 사전에 준비하여 지도해야 합니다. 저학년 학생 뿐 안니라 알파벳의 벽을 넘지 못하고 있는 고학년 부진 학생들을 위한 지도 방법까지 고려해 보아야 합니다.

알파벳 학습 활동
아이디어

알파벳 학습을 시작하는 도입 단계부터 여러 번 쓰고 외우게 하는 방식으로 가르친다면 학생들은 알파벳을 배우기도 전에 지쳐버릴 수 있습니다. 그림인지 글씨인지 구분도 어려운 글자들을 대하는 학생들에게 글자의 이름과 모양, 심지어 우리 한글에는 없는 대문자와 소문자까지 구분해서 쓰는 연습을 해야 한다니 얼마나 어려울까요?

알파벳 학습은 놀이를 중심으로 시작하며 충분히 눈으로 익힌 후 차차 글자로 써보는 활동으로 진행합니다.

알파벳 지도의 순서

유튜브에 'Alphabet Song' 검색만으로도 다양한 알파벳 노래들을 찾을 수 있습니다. 우리가 어릴 때 듣고 불러오던 '반짝반짝 작은 별' 멜로디의 알파벳 노래부터 랩, 댄스 등에 이르기까지 방대한 알파벳 노래 자료를 발견할 수 있습니다.

학생들의 성향과 선호도를 살펴보고 가장 재미있고 익숙하게 학습할 수 있는 노래를 선정하여 영어 수업 도입단계에 끊임없이 노출해주는 것이 필요합니다. 알파벳 노래가 익숙한 학생들은 영어 글자를 접했을 때에도 큰 부담을 느끼지 않게 됩니다. 알파벳 노래를 부를 때에는 노래만 제시하지 않고 알파벳 글자를 함께 제시할 수 있습니다. 이는 청각적 자극과 시각적 자극을 복합적으로 이용하여 보다 효과적인 학습을 이끌어내는 한 가지 방법이 됩니다. 그리고 어느 정도 알파벳 노래에 익숙해지면 알파벳에 이름을 붙일 준비가 되었다고 봅니다. 차시별로 몇 개의 글자를 제시할지 계획을 세운 후 글자의 노출을 시작합니다.

ACTIVITIES

① 알파벳 노래 부르기　　② 일상 생활에서 알파벳 찾기
③ 알파벳 글자 만들기　　④ 알파벳 색칠하기

처음부터 과도하게 알파벳 따라 쓰기 학습 과제를 제시하면 학생들은 학습 부담을 느낄 뿐 아니라 영어 학습에 대한 흥미도 떨어집니다. 따라서 알파벳을 눈으로 익히는 활동이 끝난 후, 어느 정도 글자의 모양에 익숙해지면 점차 이를 따라 써보는 활동으로 확장하며 알파벳을 익혀 나갑니다.

이때 주의해야 할 점은 무의미하게 반복적으로 써나가는 학습과제를 주지 않도록 하고, 학생들의 인지구조에 내면화될 수 있는 방법과 순서로 알파벳을 써보는 경험의 기회를 주도록 합니다. 또한 한꺼번에 알파벳 Aa부터 Zz까지의 과제를 동시에 제시하지 않도록 하며, 알파벳의 순서에 따라 5~6글자씩 분할하여 과제로 제시하도록 합니다. 과제 수행 과정 중간중간에 학생들이 얼만큼 잘 받아들이고 있으며, 혼동하고 있는 글자는 없는지 수시로 확인하는 과정이 필요합니다.

ACTIVITIES

① 글자 쓰는 순서에 따라 따라 쓰기(워크시트)
② 대소문자 차이 알기
③ 워드서치(단어의 스펠링을 알파벳으로 읽기)
④ 알파벳 책 만들기

STEP 3 반복하기

모든 언어 학습이 그렇듯이 알파벳의 학습도 반복이 중요합니다. 처음부터 순서대로 알파벳을 학습하다 보면 이전에 학습했던 내용을 점차 망각하게 되므로 반드시 반복학습이 수반되어야 합니다.

반복학습의 과정은 단순히 학생들에게 같은 과제를 반복적으로 제시하는 방법도 있겠으나, 영어 학습 과제에 대한 동기유발과 도전감을 갖게 하기 위해서는 다양한 형태의 변형된 과제를 제공해 줄 필요가 있습니다.

ACTIVITIES

① 단어나 문장 속에서 알파벳 찾기 ─ 의미를 찾는 활동과는 별개
② 알파벳 순서에 맞춰 빈 괄호 안에 알맞은 알파벳 쓰기
③ 잘 알고 있는지 수시로 확인

STEP 4 여러 번 쓰기 활동은 가장 마지막에

이 단계까지 오면 학생들은 어느 정도 알파벳의 글자 모양과 이름, 대문자와 소문자의 구분이 가능하게 됩니다. 다만 지금까지의 활동으로는 알파벳 Aa부터 Zz까지 처음부터 끝까지 자신있게 단번에 쓰는 경험을 갖지는 못했으므로, 자신이 알고 있는 내용을 확인하고 정확하게 구분하지 못하고 있는 알파벳은 어떤 것들이 있는지 등을 파악하기 위

해서라도 알파벳 전체를 한 번에 써보는 활동을 제시 합니다.

이때 한 번에 모든 알파벳을 완벽하게 쓰는 학생도 있는 반면, 어떤 학생은 중간중간 쓰지 못하고 비워두거나 일부 알파벳만 자신있게 씁니다. 심지어 더 이상 진척 없이 알파벳을 쓰지 못하는 학생들도 종종 볼 수 있습니다. 뿐만 아니라 처음엔 완벽하게 써나갔더라도 한 번 더 같은 과제를 제시했을 때 잘못 쓰는 경우가 발생하기도 합니다.

따라서 여러 번 써보는 활동을 반복적으로 제시하여 학생들이 알파벳을 완전히 익힐 수 있도록 활동 과제를 제시해야 하며, 워크시트나 영어 연습 노트를 활용해서 발전 정도를 가시적으로 파악하도록 연습 결과를 누적해 놓도록 합니다.

Tip 알파벳 지도 시 유용한 사이트

- 키즈클럽_ABC's : www.kizclub.com
- Worksheet Genius : worksheetgenius.com
- Starfall : www.starfall.com
- 유튜브_알파벳댄스 : https://youtu.be/Srzjx2HkPQl

효과적인 파닉스
지도 아이디어

파닉스 학습은 단어와 문장을 읽기 위한 기초 단계로, 알파벳 글자와 소리의 관계를 익혀 단어와 문장에 적용하는 것입니다. 영어학습을 시작하는 3학년, 혹은 각 학년 초에 집중적으로 파닉스 커리큘럼을 운영해 보세요. 영어를 자신있게 읽을 수 있어야 영어에 대한 자신감도 올라갑니다.

☑ 파닉스는 어떻게 지도해야 할까?
☑ 파닉스 지도의 순서

01

파닉스는 어떻게
지도해야 할까?

　파닉스 학습은 영어 학습의 가장 큰 목적은 아닙니다. 그러나 파닉스를 알지 못한다면 당장 단어부터 읽기가 어려우니 말하기, 쓰기, 읽기 등 전체적인 영어 학습을 곤란하게 합니다. 그렇다면 파닉스를 꼭 따로 지도해야 할까요? 어떤 학생은 파닉스를 꼭 지도하지 않아도 스스로 파닉스 규칙을 찾아내기도 합니다. 그러나 규칙을 스스로 찾지 못하는 학생들 혹은 어렴풋이 알고 있는 학생들에게는 체계적인 파닉스 학습이 효율적이면서 긍정적인 효과를 줄 수 있습니다.

　파닉스는 문자와 소리의 관계를 아는 것이므로 학생들이 청각적으로 많이 노출될 수 있도록 하는 것이 중요합니다. 하지만 안타깝게도 한국의 영어 교육은 음성언어(듣기, 말하기)에 비해 문자언어(읽기, 쓰기)에 치중되어 있어 파닉스에 취약합니다. 원어민 선생님의 도움을 받아도 좋고 음원을 사용해도 좋습니다. 학생들이 여러 번 듣고 말하며 알파벳의 음가와 문자를 매칭시킬 수 있도록 지도합니다.

　또한 초등 영어 교과서에서는 각 단원의 일부 활동으로만 파닉스를 제시하고 있어 1년을 배워도 파닉스를 체계적으로 학습하기는 어렵습니다. 학생들의 수준과 연간 교육과정을 고려하여 선생님만의 파닉스 지도 계획을 수립하도록 합니다. 학년 초 첫 단원을 시작하기 전에 중점적으로 파닉스를 지도할 수 있고, 각 단원별로 지도해야 할 파닉스 분량을 정하여 지도할 수도 있습니다.

파닉스를 지도하는 순서나 단계는 다양합니다. 많은 교재들이 5단계(알파벳 – 단모음 – 장모음 – 이중자음 – 이중모음)로 제시하며, 연령이 높은 학생이라면 3단계(알파벳/단모음 – 장모음/이중자음 – 이중모음/자음)로 제시하기도 합니다

파닉스 지도에 앞서

자음과 모음 구분하기 ●●●

알파벳 26글자는 자음 21개와 모음 5개(a, e, i, o, u)로 이루어져 있습니다. 자음은 소리를 만들어주는 역할을 하고, 모음은 소리를 모아주는 역할을 합니다. 자음만으로도 소리는 만들 수 있지만 실제로 하나의 명확한 발음으로 만드는 것이 모음의 역할입니다. 자음의 특성도 있고 모음의 특성도 있어 반자음 혹은 반모음이라고 불리는 'W'와 'Y'도 있습니다.

알파벳은 26개이지만 이 알파벳이 만들어내는 소리는 44개이며, 이 중 20개는 모음 소리입니다. 5개의 모음이 20개의 소리를 낸다고 하니 하나의 알파벳이 여러 소리를 낸다는 의미죠. 예를 들어, cat, mail, ago, ball, car, any, village의 'a'는 모두 다른 소리를 냅니다. 이렇게 알파벳 'A'만 하더라도 7가지의 소리를 가지고 있죠. 'ㄱ+ㅏ=가'의 규칙을 가진 한글에 비해 영어는 불규칙적인 언어입니다. 하지만 대부분의 영어 단어는 파닉스 규칙을 따르고 있기 때문에 파닉스의 체계적인 학습은 반드시 필요합니다.

파닉스 지도를 위한 한국어 사용, 독일까? 약일까?

파닉스를 효율적으로 지도하기 위해 'B=ㅂ, D=ㄷ' 등 파닉스에 해당하는 비슷한 한글을 같이 표기하기도 합니다. 이 방법이 틀렸다고는 할 수 없지만, 문제는 영어와 한국어의 소리가 정확하게 일치하지 않는다는 것입니다. 'V'와 'B'의 'ㅂ'가 다르고 'J'와 'Z'의 'ㅈ'가 다릅니다. 모음을 지도할 때도 bad[bæd]와 bed[bed] 둘 다 한국어로는 보통 '배드'로 표현하지만 두 단어의 'ㅐ'는 다릅니다. 또한 1음절인 'bad'와 'bed'가 한국어로는 2음절이 되어 다른 발음이 되어 버립니다. 이는 많은 한국인들이 영어 단어 끝 발음에 'ㅡ'나 'ㅣ'를 붙이는 습관의 이유가 되기도 합니다. 발음상의 이유로 실제 의사소통에서는 의미를 전달하지 못하는 상황이 생길 수도 있습니다.

파닉스와 한국어를 매칭 시키키보다는 비슷한 한국어 발음은 참고만 하되, 알파벳의 음가나 해당 알파벳이 포함된 단어 듣기를 통해 소리를 그대로 익히도록 지도하는 것이 좋습니다.

알파벳 21개의 자음이 만들어내는 소리는 24개입니다. 모음에 비해 상당히 규칙적으로 소리가 납니다. 하지만 알파벳 자음중에도 C, G, S, X는 2개 이상의 소리를 가지고 있습니다.

C	Hard C – 모음 a, o, u 앞에 놓이는 c는 /k/(ㅋ) 소리가 난다. (예 : cat, candy, corn, cup 등) Soft C – 모음 i, e, y 앞에 놓이는 c는 /s/(ㅆ) 소리가 난다. (예 : circle, cent, cycle 등)
G	Hard G – 모음 a, o, u 앞에 놓이는 g는 /g/(ㄱ) 소리가 난다. (예 : gap, goat, gun 등) Soft G – 모음 i, e, y 앞에 놓이는 g는 /dʒ/(ㅈ) 소리가 난다. (예 : giraffe, gentle, gym 등)
S	대표 소리인 /s/(ㅅ)가 대부분이지만 간혹 /z/(ㅈ) 소리가 나기도 한다. (예 : was, those, yours, use, please 등)
X	대표 소리인 /ks/(ㅋㅅ)가 대부분이지만 /gz/(ㄱㅈ) 소리(example, exam, exact 등)나 /z/(ㅈ) 소리(zylophone)가 나기도 한다.

파닉스 지도의 순서

STEP 1 **알파벳**Single Letters

파닉스란 각 알파벳의 '소리Sound'를 학습하는 것입니다. Bb를 예로 들면, 이름Letter은 '비'이며 소리Sound는 '/b/(브)'인 것이죠. 다른 나라의 학교에서는 알파벳의 이름보다도 소리를 먼저 가르치기도 합니다.

알파벳은 'A'부터 'Z'까지 순서대로 지도를 하거나 학생들에게 익숙한 알파벳으로 시작하되, 각 알파벳의 대표 음가를 포함하여 지도합니다. 이때 해당 알파벳과 소리를 연습할 수 있는 단어를 그림과 함께 제시해 주고 많이 듣고 따라 읽으며 알파벳의 소리를 학습합니다. 유튜브에서 'Phonics Song'을 검색해 함께 불러보는 것도 좋습니다.

a	airplane, apple, acorn, axe, astronaut…….
b	bee, bottle, banana, booe, bird, bar, bat, ball…….
c	cat, carrot, cow, cake, car, corn, cookies…….
……	……

'A'부터 'Z'까지 알파벳의 소리를 배웠다고 해도 학생들이 이를 적용해 바로 단어를 읽을 수 있는 것은 아닙니다. STEP 2 이후의 활동을 통해 알파벳을 조합하며 단어를 읽는 법을 학습합니다.

Tip 알파벳 제시 방법

한 차시에 너무 많은 알파벳을 학습 하도록 제시할 경우, 제대로 된 학습이 어려울 뿐만 아니라 파닉스 학습에 부담을 느낄 수 있다. 한 차시당 3~4개 정도의 알파벳과 소리를 꾸준히 학습한 후에 그 규칙을 적용하여 영어 단어를 읽어냈다는 성취감을 느낄 수 있도록 해 준다.

영어를 처음 접하는 학생이 아닌 경우, 바로 CVC단어를 통해 알파벳의 음가를 학습하기도 합니다. CVC단어란 Consonant－Vowel－Consonant(자음－모음－자음)로 이루어진 단어로 cap, pen, cup, big 등이 있습니다. CVC단어를 통해 파닉스의 규칙과 소리를 직관적으로 학습하는 것이지요.

STEP 2 **단모음**Short Vowels

단어의 철자 중 모음이 1개만 포함된 경우(on, bag, duck, plan, front 등), 이때의 모음은 '단모음' 소리를 냅니다. 'bag'과 같은 모음별 CVC 단어를 활용하면 효과적으로 학습할 수 있습니다. 단모음 'A'의 예를 들면 아래와 같습니다. 구글에 'Short Vowel Words List'로 검색을 하면 나머지 E, I, O, U에 해당하는 CVC 단어들도 찾을 수 있습니다.

단모음 A					
ab	ad	ag	at	an	ap
cab	bad	bag	cat	man	cap
gab	dad	tag	bat	pan	map
tab	had	rag	fat	fan	nap
lab	mad	wag	hat	van	tap

STEP 3 장모음Long Vowels – magic 'e'

장모음을 지도할 때는 'magic E'가 중요한 역할을 합니다. 'magic E' 란 자신은 소리 나지 않으면서 다른 모음의 소리를 자기 이름으로 찾 아주는 소리입니다. 오른쪽 표와 같이 'can'에서의 'a'는 단모음으로 '/æ/ 애' 소리가 나지만 'cane'에서의 'a'는 장모음으로 원래의 알파벳 이름인 '/eI/에이' 소리가 됩니다.

can	cane
not	note
cub	cube
pin	pine
pet	pete

장모음 'A'의 사례를 예시로 제시하면 아래의 표와 같습니다. 구글에 'Long Vowel Words List'로 검색을 하면 나머지 E, I, O, U에 해당하는 단어들도 찾을 수 있습니다.

장모음 A					
ake	ame	ale	ane	ase	ate
make	name	tale	lane	case	date
lake	same	sale	cane	vase	mate
bake	came	male	Jane	base	rate
cake	game	tale	pane		hate

* 음영으로 표시된 단어들은 'e'를 지우면 뜻이 있는 단모음 a가 되는 단어들임.

STEP 4 **연속자음**Consonant Blends **이중자음**Consonant Diagraphs

연속자음은 두 개의 자음이 연달아 각각의 소리를 내기 때문에 전 단계를 제대로 학습한 학생들이라면 어렵지 않게 학습할 수 있습니다.

s Blends	sm, sw, tw, sc, sn, st, sk, sl
l Blends	bl, cl, fl, gl, pl, sl
r Blends	br, cr, dr, fr, gr, pr, tr
w Blends	dw, tw
3 Blends	scr, spl, spr, str

이중자음은 두개의 자음이 만나서 새로운 소리를 만들어내는 경우를 말합니다.

ch, sh, th, wh, gh, ng, ph, kn

STEP 5 **이중모음**Vowel Digraphs

이중모음은 두 개의 모음이 연속적으로 오면서 소리를 내는 경우를 말합니다.

ee	feet, beep, tree, feel
oo	book, hook, moon, room
ai	rain, gain, brain, mail
ay	pay, say, stay, day
aw	paw, law, dawn, raw
ea	head, bread, bead, read
ie	chief, thief, believe
oa	boat, roan, toast, goat
oi	coin, avoid, join, boil
ou	pout, mouth, cloud, house
oy	toy, boy, joy, soy
ow	tow, mow, cow, now
ue	blue, glue, true

이중모음은 상당히 복잡한 규칙을 가지고 있으므로 교과서에 해당 어휘가 등장할 때 지도하면 좋습니다. 교과서에 등장하는 어휘를 중심으로 시작하여 이 규칙이 적용된 어휘들로 확장하여 지도합니다.

STEP 6 약음Schwa소리 R-통제모음R-Controlled Vowel

영어는 강세언어Stress-based이며 한국어는 음절언어Sylable-based입니다. 음절만 제대로 말해도 의미가 전달되는 한국어와는 달리 영어는 강세를 바꾸어 말하면 의미가 제대로 전달되지 않습니다. 영어 단어의 강세가 아닌 모음은 앞에서 배운 파닉스 규칙을 따르지 않고 약음

Schwa가 소리납니다. 한국어의 '_' 혹은 'ㅓ' 발음과 비슷하며 발음기호는 '/ə/'입니다.

/ə/ Schwa	
A	about, maroon, across, agian, balloon
E	taken, children, happen, present
I	family, pencil, devil, cousin
O	octopus, telephone, bottom, freedom
U	circus, album, campus, support

R-통제모음은 모음 뒤에 '-r'이 붙어서 나는 소리입니다.

R-Controlled Vowel	
ar	car, card, farm, shark, scarf
or	pork, horn, north, score, corn
ir	bird, dirty, air, skirt, shirt
er	serve, germ, her, water, anger
ur	hurt, nurse, surf, turtle, purple

이 단계는 파닉스 지도의 가장 마지막 단계이긴 하지만 필요시 앞 단계에서 먼저 제시하거나 여러 단어를 학습하는 과정에서 복합적으로 제시할 수 있습니다.

영국에서 시작된 방법으로 A부터 Z까지 순서
대로 가르치는 대신 7개의 그룹으로 42개의 문
자를 지도한다. 1단계에서는 많이 사용되는 알
파벳인 S-A-T-I-P-N을 먼저 학습한다. 학생
들이 쉽게 배울 수 있는 발음이므로 여러 단어
를 만들어 읽을 수 있다.(at, in, sit, tin, sip, pin,
tap……)

1. s, a, t, i, p, n
2. ck, e, h, r, m, d
3. g, o, u, I, f, b
4. ai j, oa, ie, ee, or
5. z, w, ng, v, oo
6, y, x, ch, sh, th
7. qu, ou, oi, ue, er, ar

Tip   파닉스 지도 시 유용한 사이트

- **워크시트**
  - Starfall : www.starfall.com
  - Kizclub : www.kizclub.com
  - Teachnology : www.teach-nology.com/worksheets/language_
    arts/phonics/
  - Mes-English : www.mes-english.com/phonics.php
  - Tampareads : www.tampareads.com/phonics/phondesk/in-
    dex-pd.htm

- **유튜브**
  - Alphablocks
  - Bounce Petrol
  - Dave and Ava phonics

- **온라인 파닉스 학습 사이트**(App)
  - Interactive Alphabet
  - Montessori Early Reading

효과적인 사이트 워드 지도 아이디어

영어 교과서의 챕터에 자주 등장하는 단어를 중심으로 사이트 워드 목록을 만들어 어휘 지도를 하게 되면 학생들이 사이트 워드에 대한 친숙도가 높아지면서 어휘력 증진에 도움이 됩니다. 지금부터는 사이트 워드 지도 방법과 효과적인 수업을 실천하기 위한 팁을 함께 알아보겠습니다.

☑️ 사이트 워드란? 왜 지도해야 할까?
☑️ 사이트 워드, 어떻게 지도해야 할까?
☑️ 사이트 워드 학습활동

사이트 워드란?
왜 지도해야 할까?

사이트 워드, 너의 정체는?

사이트 워드는 언어를 학습하는 과정, 특히 읽는 과정에서 가장 많이 등장하고 자주 쓰이는 단어들을 목록화한 것입니다. 이 단어들은 문장이나 글 속에서 자주 등장하기 때문에, 이를 학습할 때에는 일정한 규칙을 적용하여 학습하는 것이 아닌 단어를 그림처럼 여기며 즉시 알아차릴 수 있도록 하는 것이 지도의 핵심입니다.

사이트 워드는 파닉스 규칙에 따라 발음되지 않거나 그 의미를 모국어 뜻, 또는 그림 등으로 표현하기 어려운 단어들입니다. 따라서 단순히 뜻을 외우고 철자를 외우는 학습 방법으로는 한계가 있습니다.

사이트 워드를, 왜 지도해야 할까?

　사이트 워드는 학생들이 영어로 된 글을 읽는 과정에서 해당 단어를 재빨리 인식하여 문맥에 맞게 그 의미를 해석하는 능력을 기르는 것에 그 목적이 있습니다. 어떤 연구에서는 가장 중요한 사이트 워드 350개 정도를 알면 어린이용 읽기 자료의 70% 정도를 이해할 수 있다고 하니, 학생들의 영어 읽기에 대한 동기 유발 및 읽기에 대한 자신감을 심어줄 수 있는 중요한 요소라고 할 수 있습니다.

　사이트 워드를 학습하고 나면 문장이나 글을 읽는 과정에서 단어를 읽을 때 순간적으로 그 의미를 파악하는 것이 가능해지기 때문에, 수업에서 별도로 이를 지도하면 영어로 읽고 말하는 기능에 도움을 줄 수 있습니다.

사이트 워드는
어떻게 지도해야 할까?

파닉스 규칙의 학습과 병행하여 지도하거나 사이트 워드 지도 후, 파닉스 규칙을 지도하면 학습의 효율성을 높일 수 있습니다.

사이트 워드, 지도 순서

STEP 1	단어 목록을 보며 낯이 익거나 읽어 보고 싶은 단어를 선택한다.
STEP 2	학생들이 선택한 단어를 소리 내어 읽는다.
STEP 3	즉시 단어를 읽을 수 있을 때까지 읽기를 반복한다.

Tip 사이트 워드 지도 목표 정하기!

사이트워드 학습을 시작할 때는 외워서 쓸 수 있는 것 까지를 목표로 삼지 않는다. 초등학교 시기의 사이트 워드 학습은 단어를 읽고 뜻을 이해할 수 있는지 정도를 목표로 삼으면 충분하다.

사이트 워드 기본 지도 방법

STEP 1	플래시카드, 칠판 기록, PPT 슬라이드 등을 활용하여 단어를 제시한다.
STEP 2	학생들이 단어를 보는 동안 교사는 소리 내어 단어를 읽거나 학생들과 함께 따라 읽기를 한다.
STEP 3	학생들의 경험과 연관 지어 단어의 의미를 설명합니다.
STEP 4	단어들이 익숙해지면 문장이나 글 속에서 해당 단어들을 찾아본다.
STEP 5	문장을 쓰는 과정에서 문맥을 고려하여 사이트 워드를 활용해 보도록 한다.

교사는 사전에 교과서의 각 단원별로 등장하는 사이트 워드를 정리해 놓을 필요가 있습니다. 물론 인터넷상에서 쉽게 찾을 수 있는 리스트를 활용해도 무방합니다. 하지만 학교에서 사용하는 교과서 대화문 속의 사이트 워드를 정리한 후, 그것들을 우선적으로 학습할 수 있도록 제공하면 교과학습을 진행하며 접하게 되는 어휘를 먼저 익힐 수 있습니다. 따라서 영어 교과서의 대화문을 중심으로 등장하는 사이트 워드 목록을 작성하여 활용해 보도록 합니다.

사이트 워드 학습활동

　사이트 워드는 반복 학습이 중요합니다. 이를 위해서는 각 어휘를 단순히 반복제시, 반복읽기를 하여 그 의미를 이해하게 하는 지도방법을 적용할 수도 있지만, 학습한 단어를 복습할 때 다양한 게임을 활용하면 학생들의 능동적인 참여를 유도하여 보다 즐겁게 학습할 수 있습니다.

BINGO

　빙고 게임은 초등학생들이라면 누구나 해 본 경험이 있을 법한 게임 중 하나이다. '빈 칸에 사이트 워드 채워 넣기'를 우선으로 하는 방식의 빙고 게임은 학생들에게 부담을 줄 수 있으므로, 교사가 사전에 다양한 종류의 빙고판을 만들어 제공하거나, 또는 글자 카드를 함께 제시하여 학생이 배치한 후 게임을 진행하는 방법을 사용하도록 한다.

Hide & Seek

① 일회용 컵(종이컵, 플라스틱컵) 위에 학습한 사이트 워드를 적는다.(포스트잇을 사용하여 수시로 변경하여도 좋다.)

② 컵 안에 숨길 수 있는 작은 조각(비즈, 레고피규어 등)을 준비하여 학생들의 눈을 감긴 후 한 컵에 숨긴다.
③ 학생들은 선생님이 숨겨 놓은 작은 조각을 찾아야 하는데, 찾기 위해서 컵 위의 사이트 워드를 소리 내어 읽어야 한다.
④ 만약 학생이 정확히 단어를 읽어냈다면 컵을 들어 보이고, 그 안에 숨긴 것이 있는지 확인시킨다.
⑤ 만약 숨긴 조각을 찾아냈다면 점수를 획득한다.(또는 모둠 대항으로 순차적으로 컵을 열어보는 방법도 있다.)

Roll Read & Race

① 학생들은 한 번씩 돌아가며 주사위를 굴린다.
② 아래 그림과 같은 표를 준비한 후 주사위에 나온 숫자의 사이트 워드를 읽게 한다.
③ 단어를 읽은 후 빈 칸에 해당 단어를 적는다.
④ 빈 칸의 가장 꼭대기에 도달할 때까지 게임을 진행한다.

ROLL **READ** RACE					
can	little	you	see	said	the
1	2	3	4	5	6

Sight Word Scavenger Hunt

① 사이트 워드가 포함된 비교적 간단한 문장의 표(워크시트)를 준비한다.

② 표(워크시트)가 있는 장소의 반대쪽(교실이라면 벽 등)에 포스트잇을 이용
하여 하여 학습한 단어를 부착한다.

③ 학생들은 워크시트의 문장을 읽고 학습한 단어를 찾아낸 후 벽에 붙
어 있는 사이트 워드 포스트잇 중 해당 단어를 선택해 소리 내어 읽으
며 떼어내어 워크시트에 붙인다.

 Tip 사이트 워드 지도 시 유용한 사이트

- Education : www.education.com −워크시트
- Quiz Tree : www.quiz−tree.com/Sight−Words_main.html
- Sight Word List : www.janbrett.com/games/jan_brett_dolch_
  word_list_main.htm

효과적인 문법 지도 아이디어

초등 영어 수업에서 문법 지도는 필요할까요? 초등 영어에서도 문법적으로 꼭 알아야 하는 요소들은 등장합니다. 이런 경우 교사는 문법 지도를 해야 하는지, 하게 된다면 어느 수준까지 해야 되는지 고민이 될 수 있습니다. 지금부터는 초등 영어 수업에서 효과적으로 문법을 지도를 지도 하는 방법에 대하여 알아보겠습니다.

☑ 초등영어, 문법 학습의 필요성
☑ 초등영어, 문법 지도 방법
☑ 문법 학습 활동 아이디어

01

초등영어,
문법 학습의 필요성

초등학교에서 영어 문법지도가 필요한가?

사실 우리의 모국어로 진행되는 국어 수업 활동에서도 문법 분야는 학생들이 어렵게 느끼는 분야입니다. 하물며 모국어도 아닌 영어에서의 문법 수업은 얼마나 어렵게 느끼겠습니까? 매사 역동적인 활동을 좋아하는 학생들에게 딱딱한 문장의 '규칙과 공식'을 배워야 한다고 강요하면 영어 학습에 대한 부담감이 배로 늘어날 것입니다.

초등학교 영어 교육과정에는 문법을 요목화하여 지도하지는 않습니다. 다만, 3학년 때부터 문장을 연습하는 과정에서 어쩔 수 없이 등장하는 문법적인 요소들이 있고, 이를 적용해서 말하도록 지도해야만 하는 표현들이 있습니다. 예를 들어 관사 'a', 'an'을 구분하여 명사 앞에 붙여야 한다는 내용이나, 물건이 여러 개 등장할 때는 '-s'나 '-es'를 붙여 '복수'의 형태로 표현해야 한다는 문법적 내용이 3학년 1학기 초반 과정에 등장합니다. 이런 중요한 문법적 사실들을 초등단계라고 해서 무시하고 넘어갈 수는 없는 일입니다.

초등영어,
문법 지도 방법

어려운 문법, 어떻게 제시할까

중·고등학교 이상의 영어 학습에서는 품사, 문장의 형식 등 각각의 문법적인 내용을 문법적 용어와 규칙을 사용하여 제시합니다. 그러나 영어의 문법을 교과내용 속에 직접적으로 드러내지 않는 초등영어교육에서는 어떻게 제시해야 할까요?

문법 지도의 준비와 과정

STEP 1 **궁금증 유발하기**

교사는 교과서에 제시된 Key Expressions를 학생들이 가시적으로 볼 수 있도록 제시합니다. 반복되는 형태의 문장 속에서 어휘의 차이를 학생들이 스스로 발견하여 궁금증을 유발합니다.

STEP 2 같은 점과 다른 점 짚어주기

교사는 학생들이 발견한 문장 간의 공통점과 차이점을 명확하게 짚어주며 왜 그러한 차이점이 생겨났는지를 명확한 용어로 설명합니다. 이때 문법적인 용어를 사용하지는 않지만, 추후 중학교 이상의 과정에서 학습하게 될 때 참고가 될 수 있도록 한 번 쯤 영어 문법에서는 어떻게 부르는지 슬그머니 제시해 주어도 좋습니다.

STEP 3 문형연습Pattern Drill

학생들이 문장 구조의 문법적 사항을 인지하게 되었다면 간단한 문장을 다양하게 만들어보게 합니다. 이러한 연습drill 과정을 통해 학생들은 영어 문장의 구조를 스스로 익히고, 나아가 문장을 응용할 수 있게 됩니다. 뿐만 아니라 영어 문장 구조에 대한 호기심과 또 다른 영어 문법에 대한 궁금증도 불러일으킬 수 있습니다.

STEP 4 문법 사항을 우리말로 설명하게 하기

문장의 연습을 마친 후, 학생들에게 왜 그러한 문법 사항이 적용되었는지를 우리말로 설명하게 합니다. 이러한 과정을 통해 문법 규칙을 보다 구조화하여 내재화할 수 있습니다.

문법 학습 활동
아이디어

초등 단계의 영어 학습 상황에서는 문법을 직접적으로 제시하지 않으므로 다양한 형태의 활동을 통해 문형에 익숙해지도록 지도합니다. 또한 여러 가지 활동을 반복적으로 할 수 있는 환경을 조성해 주는 것이 필요합니다.

초등 문법 학습 활동

문법과 그림의 조화

그림으로 상황을 제시하여 학생들의 이해도를 높이고, 다양한 상황을 점진적으로 확대시키며 여러 문장으로 표현해 가는 과정을 통해 학습합니다. 문법 지식과 그림을 연결하여 학습하면서 각각의 상황과 쓰임을 효과적으로 제시할 수 있습니다.

Question & Answer ●●●

문법 규칙 소개를 위한 상황 설정 단계에서 질문을 사용할 수 있습니다. 교사는 넓은 질문부터 시작하여 차츰 범위를 좁혀 학생들이 머릿속에 구체적 상황이 그려지도록 질문과 대답의 과정을 거치면서 하나의 문법 규칙으로 좁혀가도록 합니다.

Pattern Drill ●●●

문법 규칙을 다양한 상황에 적용해 보기 위해 패턴을 제시하고, 이를 반복하여 연습합니다. 이 과정에서 단편적인 연습 패턴을 제공하는 방법도 있지만, 기본 패턴이 적용된 노래나 애니메이션을 유튜브에서 검색하여 제시합니다.

학생과 교사, 역할 바꾸기 ●●●

학습 내용의 내재화를 위한 방법으로, 학습이 끝난 후 학생과 교사의 역할을 바꾸어 학습 내용을 학생들이 설명하고 가르쳐 보게 합니다.

새로운 어휘
지도

영어학습에 있어 중요한 요소 중 하나가 어휘입니다. 어휘를 많이 알고 문맥적으로 다양한 쓰임을 이해하는 학습자는 성인이 된 이후에도 영어에 대한 자신감과 흥미를 유지할 수 있습니다. 초등 영어 수업에서 활용할 수 있는 어휘 지도 방법을 알아보고, 효과적인 어휘 수업을 위한 팁을 소개하고자 합니다.

- ☑ 어휘 학습이 중요한 이유
- ☑ 어떤 어휘를 선정하여 가르칠 것인가?
- ☑ 초등영어 어휘 지도 방법

01

어휘 학습이
중요한 이유

어휘의 학습은 영어를 잘 듣고, 말하고, 읽고, 쓰기 위한 필수 불가결한 학습 내용 중 하나입니다. 어휘를 많이 알면 영어를 잘 할 수 있는 에너지를 많이 가질 수 있게 되지만, 어휘가 부족하면 듣기, 말하기, 읽기, 쓰기의 그 어느 영역도 일정한 수준 이상으로 발전하기 어렵습니다.

초등학교 3~4학년군 단계의 어휘학습은 단어 하나 하나의 철자를 외워 쓰는 연습에 치중하지 않아도 됩니다. 그저 교과서에 등장하는 어휘 목록들을 반복적으로 듣고 말하는 연습이면 충분합니다. 이를 통해 사물과 영어 단어를 연결하여 즉시 연상하여 듣고 말할 수 있도록 하는 것이 중요합니다. 초등 고학년으로 올라가면서 영어 학습을 위한 기본 역량이 갖추어지면 자신이 알고 있는 어휘를 집중하여 읽고, 쓰는 연습으로 확장해 가도록 합니다.

영어 학습의 시작 단계부터 무작정 단어를 암기하고 철자를 외워 쓰게 하는 학습 방법을 선택하게 된다면 학습 속도도 더뎌질 뿐만 아니라 학생들로 하여금 영어 학습에 대한 성공의 경험보다는 실패의 경험을 겪게 하여 영어 학습에 대한 흥미를 떨어뜨리는 요인이 될 수 있습니다.

어떤 어휘를 선정하여
가르칠 것인가?

초등 영어교육과정에는 학생들이 꼭 학습해야 할 기본어휘목록을 제시하고 있습니다. 2015개정교육과정에서는 초등학교 3학년부터 고등학교 3학년까지 학습하여야 하는 기본어휘수를 3,000개로 제시하고 있고, 그 중 빈도수, 사용 범위 등을 선정 기준으로 초등학교 단계에서 800개의 어휘 학습을 권장하고 있습니다.

그러나 연구에 따르면 시중의 영어로 된 아동 문학 작품에 높은 빈도로 등장하는 어휘들이 정작 교육과정 어휘 목록에는 빠져있는 경우가 있다고 합니다. 따라서 교사는 보다 실용적인 의사소통력을 기르기 위한 어휘 지도를 고민할 필요가 있습니다. 이를 위하여 교과서의 어휘 목록뿐만 아니라 학생들의 수준에 알맞은 영어 그림책 등 아동 영어 문학 자료 등을 보조자료로 제시하여 새로운 어휘 학습에 대한 동기유발을 해 줄 필요가 있습니다.

무엇을 가르쳐야 하는가?

단어의 의미(뜻)

① 영어 단어의 의미를 알아야 이를 의사소통에 활용할 수 있으므로 단어를 제시할 때 반드시 우리말 뜻도 함께 제시해야 합니다. 그러나 영어 단어가 우리 말에서 반드시 하나의 뜻으로 대응되지 않으므로 다른 의미로 사용되는 경우가 있음을 주지시켜야 한다.

② 단어의 뜻은 한글로 된 우리말과 이미지를 함께 제시하는 것이 좋습니다. 이때 이미지는 단순한 2D 그림보다는 실제 사진이나, 움직이는 그림, 실물자료 등이 학생들의 학습 호기심을 유발하고 단어의 뜻을 보다 효과적으로 전달할 수 있습니다.

③ 비슷한 단어들은 주제별로 묶어서 제시할 수 있습니다. 보통 초등영어 교과서에는 주제별로 단원이 구성되어 있는 경우가 대부분이므로 주제별로 묶어 단어를 제시할 때 매우 현실적으로 문장에 적용하여 응용할 수 있는 기회를 제공할 수 있습니다.

단어의 발음

① 기본 파닉스 규칙을 활용하여 학생들이 스스로 읽어낼 수 있는 단계에 있다면 파닉스 규칙을 적용해 학생들이 스스로 읽어볼 수 있는 기회를 줍니다.

② 한국어에는 없는 발음의 경우, 정확하게 발음할 수 있도록 집중하

여 연습시킵니다.

③ 단어의 길이가 길어질수록 억양과 강세가 달라질 수 있으므로 이
부분도 놓치지 않고 지도합니다.

초등영어
어휘 지도 방법

초등학교 교육과정 단계에는 어휘를 품사별로 나누어 가르치지는 않지만, 학생들이 학습하는 과정에서 어휘의 분류 과정을 통해 어휘 습득에 많은 도움을 줄 수 있습니다. 단, 이때에도 문법적 용어를 사용하지 않고 각각의 어휘가 문장 속에 사용될 때의 용도를 다양한 예를 들어 제시합니다. 문법적 용어를 사용하지 않더라도 학생들은 분류 활동에 참여할 수 있습니다. 또한 다양한 어휘 학습이 이루어진 고학년 학습자를 대상으로 성취 기본 어휘를 중심으로 명사, 동사, 형용사 정도의 품사를 분류해 보는 활동을 제시하는 것이 학생의 학습 부담감을 줄일 수 있습니다.

영어 어휘는 '내용어'와 '기능어'로 구분할 수 있는데, 내용어의 종류에는 명사, 동사, 형용사, 부사 등이 있고 사회 문화적인 변화에 따라 어휘가 지속적으로 추가되는 특징을 가지고 있습니다. 기능어는 전치사, 조동사 등으로 그 쓰임이 분명하고 변화할 가능성이 크지 않은 어휘들입니다.

초등 단계에서는 기능어 중심으로 문법 내용이 제시되는 경향이 있으므로 그 사용법을 가르치는 것이 필요하지만, 학생들에게 학습 흥미를 주고 실제 대화에 참여할 기회를 높이기 위하여 일상 생활에서 사용하는 내용어를 이용하여 형태와 구조를 가르치는 것이 보다 효율적이라고 할 수 있습니다.

어떻게 지도할까?

STEP 1 새로운 어휘의 도입

교과서에 나오는 새로운 어휘를 제시할 때는 이미 학습한 어휘와의 연관이나 학생들의 생활과 연관지어 어휘를 소개하는 과정부터 시작합니다. 그림이나 사진자료, 이야기 등을 통해 의미를 학생 스스로 추측해 보게 하거나, 어떻게 읽을 수 있을지 스스로 시도해 보며 새로운 어휘를 도입합니다.

STEP 2 어휘 읽기

새로운 어휘를 4~5회 반복적으로 읽으며 어휘에 익숙해지게 하는 단계입니다. 이때는 영어 단어 자체를 제시하며 읽게 하기보다는 횟수를 거듭하며 단계적으로 제시합니다. 그림, 영어단어, 우리말 뜻을 함께 제시하며 읽어보는 것을 시작으로 그림을 지우거나 우리말 뜻을 지우는 방식으로 유추할 수 있는 정보를 축소해가는 과정을 거쳐 최종적

으로 뜻만 보고 영어 단어를 말하거나 영어 단어만 보고 뜻을 말하는
단계로 나아갑니다.

단편적인 어휘의 습득에서 그치지 않고 학생들이 그 어휘를 활용하여 생활을 반영한 문장에 활용해 보도록 하는 과정이 필요합니다. 이 과정을 통해 학생들의 영어 학습을 실제적 의사소통 과정으로 활용하는 연습까지도 가능하게 합니다.

국제교류 수업

지구촌 시대, 세계시민, 국경을 넘나드는 메타버스 속 가상 현실 세계 등 국가의 경계를 넘어서는 만남과 교류가 시대적 흐름이 되었습니다. 영어를 배우는 이유 중 하나가 바로 이러한 지구촌 시대에 여러 나라 사람들과 세계 공용어인 영어로 의사소통을 하기 위함일 것입니다. 학생들에게 다른 나라 학생들과 교류하고 공통 주제로 학습하며 배움을 나누는 경험은 영어를 공부하고자 하는 동기와 의욕을 불러일으켜주는 또 다른 학습 방법이 될 수 있습니다.

☑ 국제교류 수업이란?
☑ 국제교류 수업 실행기
☑ 국제교류 수업 팁

국제교류 수업이란?

국제교류 수업*이 뭐에요? 유학가는 거에요?

수업을 계획하다 보면 교사가 창의적으로 구상해 만들어갈 수 있다는 점이 매력적으로 느껴질 때가 있습니다. 주로 학습목표에 도달하기 위한 교과서 중심의 수업을 위주로 하지만, 학습자료와 환경 수정을 통해 수업 내용을 다양한 방식으로 새롭게 조직하기도 합니다. 국제교류 수업은 이러한 창의적 교수·학습의 대표적 예라고 할 수 있습니다.

정보통신기술의 발달은 온라인 플랫폼을 바탕으로 다양한 유형의 학습 내용을 교류하며 수업할 수 있도록 이끌었습니다. 또한 물리적으로 직접 다른 나라에 가서 수업을 받지 않더라도 동시간대에 줌, 구글 미트와 같은 원격 화상 회의 플랫폼을 활용하여 다른 나라의 학생들과 같은 주제로 수업을 공유하고 발표하며 서로의 의견을 주고 받을

---

* 국제교류 수업: 정보통신기술을 기반으로 학습자들이 언어적으로나 문화적으로 이질적인 학습자, 교사, 전문가와 공동의 과제에 능동적으로 참여함으로써, 인적 혹은 물적 자원, 문화, 제도, 정책 등에 대한 지식과 정보를 교환하고, 상호이해를 도모하며, 협력적으로 지식을 탐구하고 구성하는 과정을 말합니다.(윤호수, 2018; 한국교육학술정보원, 2014)

수 있게 되었습니다. 즉, 환경이 잘 조성된다면 우리는 유학을 가지 않아도 세계 여러 나라의 학생들과 만나 함께 이야기를 나누고 수업을 받을 수 있는 국제교류 수업이 가능합니다.

국제교류 수업은 어떻게 시작하나요?

현재 대부분의 시·도 교육청은 국외 학교와 자매결연한 학교 등을 대상으로 국제교류 사업을 지원하고 있습니다. 학기 초 '국제교류'에 대한 공문을 검색하여 해당 공문이 오면 꼭 한번 확인한 뒤, 국제교류 수업사업에 응모할 수 있습니다.

국제교류 수업의 유형

국제교류 수업은 '비실시간 국제교류 수업'과 '실시간 국제교류 수업' 등 크게 2가지 유형으로 나누어 살펴볼 수 있습니다. 각 유형의 특징을 먼저 살펴보도록 하겠습니다.

비실시간 국제교류 수업　●●●

비실시간 국제교류 수업은 온라인 게시판, 우편물 교류 형태 등으로 진행이 됩니다. 요즘같이 온라인 플랫폼이 활성화된 시대에는 서로의 작품을 구글 드라이브 등에 공유하여 교환하기도 하고 이메일 등을 이용하여 수업 활동물 등을 교환합니다.

실시간 국제교류 수업

　실시간 국제교류 수업은 화상 수업이 가능한 플랫폼을 이용한 수업으로, 가장 많이 사용하는 플랫폼은 원격수업에서 자주 쓰는 줌과 구글 미트입니다. 실시간 국제교류 수업은 동시간대에 다른 나라 친구들과 의사소통을 하고, 프로젝트 내용을 공유하는 활동이 학생들에게 큰 경험이 될 수 있을 것이며, 영어로 실시간 소통하는 과정에서 영어 학습에 대한 동기를 부여할 수 있는 장점이 있습니다. 반면, 우리나라와 시차가 비슷한 나라와 교류를 할 때는 시간의 구애를 크게 받지 않지만 시차가 크게 발생하는 교류 대상국의 경우에는 실시간 수업이 어렵기도 합니다. 또한 과밀 학급의 경우, 밀도 높은 개별 교류가 현실적으로 어렵습니다.

국제교류 수업 실행기

국제교류 수업 메뉴얼이 궁금해요!

국제교류 수업을 실행하기에 앞서, 이를 실천할 때 필요한 메뉴얼 5가지를 먼저 소개해 드리겠습니다.

학기 초 공문을 꼼꼼히 살피기 •••

국제교류 수업 공모 공문을 확인하고 공모 신청서를 제출합니다.

운영 일정 확인하기 •••

예산, 보고서와 정산서 제출 시기 등을 확인하고, 해당 업무 시기를 놓치지 않도록 기록합니다.

교육청과 협업하기 ●●●

원하는 나라와 학교급을 배정받는다면 가장 좋겠지만 현지의 사정 등에 의하여 배정받을 수 있는 나라나 학교급이 달라질 수 있으므로 교육청과 지속적으로 협업합니다.

교류 학교 담당자와 긴밀하게 협력하기 ●●●

국제교류대상 학교의 담당자와 협의할 때에는 라인, 줌, 구글 미트 등을 활용하여 연락하고, 서로의 학사 일정을 공유한 뒤 함께 프로젝트 주제 및 세부 활동 내용을 협의합니다.

국제교류 담당자 회의 등에는 꼭 참석하기 ●●●

국제교류 수업을 담당하는 교사들과의 협의회 등에는 반드시 참석하여 서로의 노하우 등을 공유하고 도움을 주고받도록 합니다.

국제교류 수업 실행기 살펴보기

국제교류 수업 사례를 살펴보며 구체적인 내용을 알아보겠습니다. 한국의 A초등학교에서는 인도의 B국제학교와 국제교류 수업을 실시하였습니다. 프로젝트 주제는 〈Save the Earth〉였는데, 인도는 물부족 국가이기 때문에 물부족 문제에 대한 고민까지 추가하여 환경 보호 프

로젝트를 진행하였습니다. 인도 친구들과 함께 진행한 국제교류 수업
활동의 구체적인 활동의 예시는 다음과 같습니다.

차시	활동내용
1	● 국제교류 수업을 하는 까닭과 프로젝트의 주제, 구체적인 학습 활동 흐름을 학생들에게 소개하기
2	● 인도의 환경 문제 중 하나인 〈물부족 현상〉에 대한 EBS 다큐멘터리, '물의 역습, 인도이야기'를 유튜브를 활용하여 함께 보고, 환경 문제에 대하여 이야기를 나누기
3~4	● 비실시간 국제교류 수업활동을 위하여 서로 전달할 지역 사회 소개 영상을 모둠별로 제작하여 구글 드라이브에 공유하기 ● 인도에서 보내 준 지역 사회 소개 PPT를 보면서 내용을 함께 읽어보고 느낀 점도 발표하기
5	● 모둠별로 대륙별 환경 문제를 조사하고, 이때 구글 프레젠테이션 기능을 이용하여 공유하기
6	● 인도의 물부족 문제와 관련하여 인도 친구들이 보내준 자료를 보고 인도의 물부족 문제와 환경 오염의 심각성에 대하여 함께 이야기하기 ● 지구의 대륙별 환경 오염과 관련한 자료를 모둠별로 조사하기
7~8	● 지구를 보호하자는 의미가 담긴 환경 포스터를 제작하기
9	● 인도 B국제학교와 실시간 국제교류 수업 전, 자기가 만든 포스터 소개와 질의응답 영어로 연습하기

10	● 구글 미트를 활용하여 실시간 국제교류 수업 실시하기 ● 인도 학생들은 인도의 물부족 현상과 관련한 사례 발표와 해결 방안을, 우리 학생들은 자신들이 만든 환경 포스터의 내용을 발표함
11	● 환경 보호의 의지를 다지는 티셔츠 도안을 바탕으로 학년 티셔츠를 제작하여 학생들에게 나누어주기
12~13	● 인도 친구들에게 나누어줄 환경컵을 제작하기 ● 대표 작품을 선정하여 이를 인도에 전달하기
14	● 프로젝트 활동이 끝난 후, 소감문을 적고 영어공부에 대한 동기 다지기

 Tip 환경콜라주 포스터 제작하기!

구글플레이에서 '콜라쥬 제작'과 관련한 앱(픽스아트 등)을 다운받아 여러 이미지를 합성할 수 있다. 이 이미지를 프린터로 출력하고, 검은색 도화지에 오려 붙인 뒤, 페인트 마커로 문구를 쓰면 문구가 더욱 선명하게 잘 보인다.

03

국제교류 수업 팁

국제교류 수업을 할 때 팁이 궁금해요!

국제교류 수업을 원활히 진행하기 위하여 고려해야 할 사항은 다음과 같습니다.

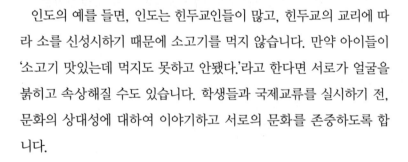

서로의 문화를 존중하기

인도의 예를 들면, 인도는 힌두교인들이 많고, 힌두교의 교리에 따라 소를 신성시하기 때문에 소고기를 먹지 않습니다. 만약 아이들이 '소고기 맛있는데 먹지도 못하고 안됐다.'라고 한다면 서로가 얼굴을 붉히고 속상해질 수도 있습니다. 학생들과 국제교류를 실시하기 전, 문화의 상대성에 대하여 이야기하고 서로의 문화를 존중하도록 합니다.

능력 치가 큰 학생 고려하기 ●●●

실시간 수업 활동을 실시할 때 영어 능력의 수준 차이에 따라 학생들이 참여할 수 있도록 하는 방안을 마련해야 합니다. 이러한 경우, 친구들과 또래교수를 실시하여 자기 표현을 학생들이 충분히 할 수 있게 도와주도록 하면 좋습니다

같은 학년이 있는 담임교사가 학년단위로 운영할 때는 업무분장을 확실히 하기 ●●●

국제교류 수업을 같은 학년이 있는 담임교사가 운영하는 경우에는 업무분장을 확실히 해야 원활한 국제교류 수업이 진행됩니다. 예를 들어 프로젝트 총괄 리더(대체로 학년부장이나 국제교류 수업의 주 담당자), 기술부분 담당자(구글 미트 활용 등), 자료 개발자, 수합 담당 등으로 역할을 나눌 수 있고, 밴드나 카카오톡방 등 온라인 공간에 학습 자료와 산출물을 업로드합니다. 또한 실시간 수업 교류를 할 때에는 초상권 등의 문제가 발생할 수 있으므로 사전에 보호자로부터 학생들의 정보 활용동의를 받아놓도록 합니다.

영어교과전담 교사가 운영하는 경우의 팁 : 원어민 보조 교사를 활용하라 ●●●

영어교과전담 교사로서 국제교류활동을 진행하게 되면 교육과정 재구성을 통한 국제교류 시간을 확보하도록 하고, 영어 차시를 새롭게 고안하도록 합니다. 또한 원어민 보조교사와 협력하여 교류 학교와의 프로젝트 진행을 협의할 때 함께 참여하도록 하면 국제교류에 대한 역할을 분담할 수 있습니다. 말하기 지도, 협력학교 교사의 온라인 미팅시

함께 참여 등의 역할이 그 예입니다.

[참고문헌]
- 윤호수(2018), 온라인 국제교류 협력학습이 초등 영어학습자의 문화간 의사소통능력 및 정의적 영역에 미치는 영향, 한국교원대학교 교육대학원 석사학위논문.
- 한국교육학술정보원(2014), 온라인 국제교류 협력학습 현황 조사·분석 및 발전 방안, 대구: 한국교육학술정보원.

CHAPTER 04

영어 수업
잘하는 교사는

업무도

잘한다

원어민교사 업무를
고민하는 선생님께

학교현장에는 원어민교사와의 협력수업에 대한 부담감으로 영어를 가르치기 꺼려하는 선생님들도 많이 계십니다. 영어에 이런 속담이 있습니다.

'Two heads are better than one.'

머리를 쓰는 일이든 몸으로 하는 일이든 문제를 해결할 때 함께 생각하면 그만큼 더 좋은 결과를 가져올 수 있다는 말입니다. 원어민 교사와의 협력수업에서 가장 중요한 두 가지 키워드는 역할 분담과 수업 준비입니다.

☑ 원어민협력수업을 잘하고 싶다면
☑ 원어민교사에게 수업 피드백을 하고 싶다면
☑ 원어민교사 관리 업무를 맡았다면
☑ 원어민교사 맞이하기

01

원어민협력수업을
잘하고 싶다면

역할 분담하기

원어민교사의 정확한 명칭은 '원어민보조교사English Assistant Teacher'입니다. 원칙적으로 한국인 교사를 보조하는 영어보조교사입니다. 계약서에도 원어민교사는 영어 시간에 한국인 정규교사를 보조해 수업을 진행하고, 방과후에는 단독수업 또는 보조수업을 진행하도록 명시되어 있습니다. 즉, 원어민 교사는 한국인 교사와 협력수업을 실시하며 정규교육과정에서는 단독으로 수업을 할 수 없습니다.

간혹, 수업 진도와 차시만 알려주고 원어민교사가 단독으로 수업을 하게 하는 사례가 있는데 이것은 협력수업이라고 보기 어렵습니다. 한국인 선생님이 수업의 방향과 흐름을 정하되, 필요한 활동과 자료에 대한 아이디어를 원어민교사와 협의하며 도움을 받고, 수업 시 어떻게 원어민 선생님과 역할을 정할 것인지 생각해 보세요. 아래에서 실제 수업에서 많이 쓰이는 원어민교사와의 협력수업 방식을 살펴보겠습니다.

원어민교사와의 협력수업 모델

① 한 명이 가르치고, 한 명은 보조하기 One Teach, One Assist
- **NT** 원어민교사가 수업과 활동을 주도
- **KT** 한국인 교사는 도움이 필요한 학생들을 도움, 학생들의 이해를 확인

② 각자 잘하는 것을 가르치기 Complementary Teaching
- **NT** 구어에 초점
  학생들의 발음, 말하기, 듣기 활동에 초점
- **KT** 한국인 교사는 도움이 필요한 학생들을 도움, 학생들의 이해를 확인

③ 한 명이 가르치고, 한 명이 지원하기 Support Teaching
- **NT** 학습 내용 말하기에 초점
  모둠 게임, 활동
- **KT** 학습 내용 제시에 초점
  어휘제시, 패턴연습, 교과서 진도나가기

④ 한 팀으로 가르치기 Team Teaching
- **NT** 수업 계획, 수업 준비, 수업 진행, 평가까지 모든 단계를
- **KT** 원어민교사와 한국인 교사가 동등하게 같은 비중으로 수업

(*NT : 원어민 교사, KT : 한국인 교사)

두 번째, 수업 내용 협의하기

　　적어도 일주일에 한 번은 수업 협의회 시간을 정해두는 것이 중요합니다. 아무리 노래를 잘하는 가수들도 듀엣을 할 때 둘의 하모니를 맞춰보며 연습을 하는 과정이 필요하듯이 협력수업도 수업 전 협의를 하는 시간이 꼭 필요합니다.

어떻게 협의할까?

한 단원의 수업 내용과 흐름을 살피고, 중점적으로 가르쳐야 할 것을 확인합니다.

예를 들어 'What are you going to do this weekend?'라는 내용을 가르치기 전에 수업에서 중요한 요소들을 살펴봅니다. 'be going to'와 'will'은 한국어로 해석이 비슷한데 쓰임은 완전히 다른 것들이지요. 문법책을 살펴봐도 미리 계획해둔 미래는 'be going to'를 쓰고, 의지가 담긴 표현은 'will'을 쓰라는데 잘 이해가 가지 않습니다.

한국인교사 : 'be going to'와 'will'의 미묘한 뉘앙스 차이를 구분하는 연습을 했으면 좋겠어요. 선생님이 실제 많이 쓰는 문장으로 예시 좀 보여주세요.

원어민교사 : 알겠어요. 저는 Weekend(주말)와 관련한 미국 학생들의 일상을 소개하고 싶어요. 학생들한테 주말에 뭐 할건지 물어보는건 어때요?

아직 구체적으로 정해진 활동은 없어요. 하지만 일단 서로 대화를 시작해야 수업에 대한 그림이 그려집니다. 매번 수업 얘기만 하는건 아니구요, 세계적으로 유명한 K-pop 가수 BTS 얘기를 하거나 뉴스 얘기도 하고, 그러다 회의가 있으면 어느 날은 10분 만에 끝나기도 합니다. 중요한 것은 수업 협의회에 걸린 시간이 아닌 수업 전 서로의 의견을 나눴다는 사실입니다. 그러다 보면 수업 방향에 어울리는 활동들이 떠오르고 수업 전 마지막으로 수업 자료를 살펴보며 수업의 흐름을 원어민교사가 알고 있는지 확인하세요.

원어민교사와 단원 수업 협의 시 의논해야 할 것

① 주제확인
② 필수학습요소 확인
③ 수업자료 수집
④ 수업 흐름 구성
⑤ 역할 분담
⑥ 수업하기

한국인교사 : 저는 활동1로 한국 학생들이 주말에 할 법한 것들을 소개하는 단어 PPT를 만들어 보내드릴게요. 틀린 표현이 없나 봐주세요.

원어민교사 : 저는 활동3에 쓸 듣기게임을 만들게요. 모든 학생들이 집중할 수 있으려면 모둠 게임보단 개별 게임이 좋겠어요.

원어민교사와 수시로 소통하는 것도 좋은 방법입니다. 사소한 오해가 쌓여서 불만과 갈등이 생기는 것을 막고, 대화를 통해 협력의 효과를 높일 수 있습니다.

Tip

새로운 원어민교사를 만날 때마다 또는 영어를 한국어만큼 잘하는 학생들을 가르친다고 하면 불안감부터 들기 마련이다. 영어가 모국어가 아닌데도 외국어인 영어를 가르치는 우리는 정말 대단하다고 생각한다. 원어민교사만 보면 울렁증에 한 마디도 나오지 않는다면 일단 간단한 영어 회화책을 집에서 읽어 보는 것을 추천한다. 책에서 나오는 말을 원어민교사에게 내일은 한마디 해보길 권한다.

급식 먹으면서 또는 교무실에서 옆 자리에 앉은 원어민교사와 했던 이야기를 이번에는 수업시간에 아이들 앞에서 해보자. 초급 영어회화 책에는 아이들에게 할 수 있는 질문 리스트가 아주 많다. 원어민 교사와 대화를 하고 학생들에게도 관련 주제를 자연스럽게 물어보며 수업을 시작해 보자.

한국인교사 : The fine dust level today is 'very bad'.
오늘 미세 먼지 수치가 '매우 나쁨'이네요.

원어민교사 : You're right. It makes me worry about heading outdoors.
맞아요. 밖에 나가는 것이 걱정이 되네요.

한국인교사 : Everyone, wearing a mask is a must when you go outside.
여러분, 밖에 나갈 때는 마스크를 꼭 써야 해요.

원어민교사 : Of course. I bought a whole box of masks at home.
그럼요. 저는 마스크를 집에 박스로 구매해 놓았어요.

 Tip 원어민교사와 대화로 시작할 수 있는 수업 주제

- 날씨, 계절 변화와 관련된 화제

  여름하면 생각나는 것, 비가 내리는 날에 하고 싶은 것 등 많은 어휘를 자연스럽게 제시할 수 있다.

- 연예인들과 관련된 뉴스

  K-pop 가수들의 해외 방문 이야기, 신곡발매 이야기는 아리랑뉴스 Arirang News에 꼭 소개되는 주제들이다.

02

원어민교사에게
수업 피드백을 하고 싶다면

EPIK(English Program in Korea)를 통해 선발되는 원어민교사들은 영어교수법과 한국에서의 수업에 대한 오리엔테이션을 받지만, 영어교육 경험이 없거나 관련 전공이 아닌 원어민교사들도 많으므로 교육경력을 가진 한국인 선생님들이 원어민교사의 수업에 대해 조언을 해주시는 것도 좋습니다.

수업 후 별도로 수업에 대한 피드백 시간을 갖습니다. 다만, 선생님을 존중하면서 말하는 자세가 필요하겠습니다. 'You should speak up during (the) class.(목소리를 크게 내야 해야 합니다.)' 라고 말하면 '당신은 목소리를 크게 말해야 합니다. (그 외에는 방법이 없습니다.)'의 어감으로 들립니다. 조금 더 부드럽고 예의를 지키면서 원어민교사에게 수업 코칭을 할 수 있는 방법들을 소개합니다.

원어민교사의 수업 중 태도에 대한 피드백

- You have a beautiful voice. Let the students hear it more.
  목소리가 정말 좋은데, 학생들이 더 잘 들릴 수 있게 해보세요.

- I wanted to give you a little help, the students wouldn't mind if you wrote the letters much bigger.
  제가 수업에 대해 좀 도와드리자면, 글씨 쓸 때 더 크게 쓰면 아이들이 좋아할 것 같아요.

- I see that you are usually quiet in class, would you be willing to try using a louder voice?
  대체로 수업 시간에 좀 침착하신 편이네요. 더 큰소리로 수업해 주실 수 있을까요?

- Can I give you some feedback? I think you have great energy.
  제가 수업에 피드백을 해드려도 될까요? 선생님 참 열정적으로 수업하시네요.

- You could improve how you stand in class. I like how you react to the students in class. I think it looks more professional, if you keep your hands out of your pockets!
  수업할 때 자세를 바꿔보시는 건 어떠세요? 선생님이 학생들과 상호작용하는 모습이 참 좋은데, 주머니에서 손을 빼고 수업하면 더 전문적으로 보일 것 같아요.

- It is better to check your phone during break time.
  핸드폰은 쉬는 시간에 확인하시는 것이 어떨까요?

- The students like it if you call their name, when you ask them questions.
  학생들을 부를 땐 이름을 불러서 얘기하면 더 좋아할 거에요.

- If you use English words that match the students level it will help them.
  학생들의 수준에 맞는 단어를 쓰면 학생들에게 도움이 될 거에요.

우리가 한국의 교사 커뮤니티에서 수업 아이디어를 얻듯이, 원어민 교사들도 다양한 커뮤니티에서 수업 자료를 공유하고 서로 도움을 주고받습니다. 원어민교사가 준비한 수업 자료 중에는 신선하면서도 유용한 활동들도 있지만, PPT를 활용한 게임 비중이 높습니다. 학년이 올라갈수록, 그리고 영어를 잘하는 학생들이 많을수록 이런 운에 치중한 형태의 게임은 학생들의 몰입도도 떨어지고 지루한 반복 연습인 형태가 많습니다. 원어민교사가 제시하는 활동을 다른 것으로 바꾸고 싶다면 말씀해보세요. 이 책에서 소개하는 다양한 영역별 활동들을 원어민교사와 함께 시도해 보세요. 원어민교사를 위한 영어 원서도 구비해 두시면 좋습니다.

원어민교사가 준비하는 수업활동에 대한 피드백

- Can we prepare games that aren't based on luck. Some students feel it is unfair.
  게임을 준비할 땐, 운에 달린 게임이 아닌 것으로 준비해보는게 어떨까요? 어떤 학생들은 그런 게임으로 불행하다고 느낄 수도 있거든요.

- Let's make a game that includes all the students so that everyone can participate.
  가능한 많은 학생들이 참여할 수 있는 게임을 준비하는 건 어떨까요?

원어민교사
관리 업무를 맡았다면

원어민교사의 근무조건을 정확히 확인하세요

　가끔씩 원어민교사를 담당하다보면 교사가 아닌 외국인노동자 관리 시설 인사과 직원 같다는 생각이 들 수도 있습니다. 외국인 노동자의 급여와 휴가일정 관리는 물론, 인사고충 상담, 근무태도까지 파악해야 하기 때문입니다.

> **원어민교사의 근무조건을 파악할 때 좋은 자료**
> - 원어민영어보조교사 길라잡이(교육청 홈페이지 탑재)
> - 원어민영어보조교사 계약서
>   - 계약서는 근무 첫 날, 원어민교사와 함께 중요한 부분을 읽고 복무를 안내한다.

학교정보 안내하기

    학교에 처음 온 원어민 교사들이 가장 궁금해하는 것은 학사일정입니다. 1년의 학교 일정을 미리 알아야 휴가를 계획할 수 있기 때문입니다. 학교로 오기 전 2~3주정도 한국문화와 학교생활에 대해 오리엔테이션을 받지만, 어느 곳에서, 누구를, 어떻게 가르칠 것인지, 어떤 환경에서 일하는 것인지 등의 정보는 정확하게 전달되지 않은 상태라 원어민교사들도 학교에 온 첫 날 궁금한 점들이 많습니다. 학사일정을 안내하며 언제 방학캠프를 실시할지, 체육대회나 현장학습같이 수업을 하지 않는 날은 언제인지 안내해 주세요.

    복무와 관련된 사항들은 처음부터 정확히 안내해야 후에 곤란한 상황이 생기지 않습니다.

> **원어민교사에게 안내해야 할 학교정보**
>
> - 학사일정
> - 근무장소
> - 학생 안내(학급수, 학생특성 등)
> - 교과서 정보
> - 방학 중 캠프 일정
> - 복무사항

어떻게 말할까요?
복무와 관련하여 쓸 수 있는 표현

● Coming to School
- Would you like to apply for sick leave?
  병가를 쓰실 거예요?

- Please come to school by 8:30 am every day.
  학교에 8시 30분까지 출근해 주세요.

- Please come to school earlier.
  학교에 조금 일찍 출근해 주세요.

- If you cannot come to school because you are sick, please tell your co-teacher in advance.
  몸이 아파서 학교에 올 수 없다면 협력교사에게 먼저 말해 주세요.

- During winter and summer vacation, you should come to school when you are not using your vacation days.
  방학 중 유급 휴가를 쓰지 않을 때는 학교에 출근해서 일을 해야 합니다.

● Leaving School
- You can leave school at 4:30 pm each day.
  매일 4시 30분에 퇴근입니다.

- If you want to leave school earlier, it needs to get approved.
  조퇴를 하고 싶다면 허락을 받아야 합니다.

- Leaving school early for personal reasons deducts from vacation time. Would you like to apply for sick leave?
  조퇴는 유급 휴가 시간에서 차감됩니다. 조퇴를 쓰시겠어요?

- Salary(급여)
  - Do you have any questions about salary?
    월급에 대해 더 궁금한 것이 있으세요?

  - Could you give me your tax residence form if you don't want to pay taxes?
    면세 처리하고 싶으시면 세금감면서 신청서를 제게 주시겠어요?

  - Your health insurance is automatically deducted from your salary.
    건강보험료는 매달 월급에서 공제되어 나갑니다.

  - Your pay day is on _____.
    월급날은 _____ 입니다.

  - On pay day, you can check your paycheck(or monthly salary) in your online banking app.
    월급날, 온라인뱅킹 어플로 급여를 확인하세요.

  - The school automaticaly deducts money for your NPS fund (National Pension Service fund) out of your monthly salary.
    급여에서 매달 국민연금이 납부됩니다.

  - You can apply to claim a NPS refund before departing from Korea. (US citizens and other select countries)
    미국, 캐나다, 호주 출신 교사들은 계약종료시 국민연금 반환일시금을 수령할 수 있습니다.

- Holidays(휴가)
  - There's no school tomorrow, so you don't need to come in.
    내일은 학교에 오지 않는 날이에요. 출근하지 않으셔도 됩니다.

- You don't need to come to school on National Holidays.
  공휴일에는 출근하지 않으셔도 됩니다.

- Please check the calendar to confirm the National Holidays.
  한국 공휴일을 달력에 체크해두세요.

- When you are using your vacation days, you do not need to come into school.
  유급 휴가를 사용하실 때는 학교에 오지 않으셔도 됩니다.

- Business trips taken for official purposes do not deduct from your vacation time.
  근무지내 출장 등 공식적인 출장은 유급 휴가에서 차감되지 않습니다.

원어민교사 맞이하기

일반적으로 시도 교육청에서 원어민 교사를 선발하고 배치하는 역할을 하지만, 원어민영어보조교사의 관리 업무를 하는 주체인 학교, 정확히는 원어민 업무담당교사의 역할이 가장 크다고 할 수 있습니다. 에픽EPIK(English Program in Korea)에서 선발된 원어민 교사들은 사전연수를 받고 근무하게 될 학교에 배치됩니다. 요즘에는 외국인등록증 발급 및 숙소배치까지는 교육청에서 담당하고, 학교에서는 실제 수업과 복무관리 등을 담당합니다.

원어민교사를 위한 학교 준비사항

숙소에서 만나는 첫 날 ●●●

원어민교사와 만나는 첫 날에 너무 많은 정보를 주면 잊어버리기 쉽습니다. 원어민교사가 1년 내내 꼭 알아야 할 정보는 문서로 만들어 원어민교사가 준비될 때 볼 수 있도록 건네주세요. 숙소에서 학교 오는

길, 학사일정, 수업 시간표 등은 원어민교사에게 매번 챙겨볼 수 있게 영어로 문서를 만들어 주세요. 원어민교사가 처음 숙소의 상태를 확인하고, 정확히 사진을 찍어둘 것을 일러두세요. 집에 하자가 있는지 여부, 가전제품, 냉난방 기기, 출입문 잠금장치 등을 체크합니다.

학교에서 만나는 첫 날

첫 만남, 긴장했을 원어민교사를 따뜻하게 맞이해 주시고, 학교 선생님들께 소개해 주세요. 원어민교사의 나이스인증서를 발급받도록 안내하고 관리방법을 공유하도록 합니다. 연간 학사일정 안내와 함께 원어민교사의 휴가일정과 방학캠프 등의 일정을 미리 상의하면 연간 원어민관리 계획을 정확히 짜둘 수 있습니다.

원어민교사가 학교에 오는 첫 날 알려줄 것

- 수업 준비실 안내(PC정보, 복사기 및 프린터 위치, 학습준비물 안내)
- 교실 및 특별실 위치
- 계약서 함께 읽으며 근무조건 확인하기
- 복무 사항(연가, 병가) 신청 방법
- 수업 진도

문화 차이 알아가기 ●●●

원어민교사와 일을 하며 의외로 가장 어려운 점이 '문화 차이'입니다. 이 문화 차이는 원어민교사와 근무하며 갈등의 요소가 되기도 합니다. 집단 속에서 조화롭게 지내는 것에 초점을 맞추는 집단주의적 문화에 익숙한 한국 사람과 달리 개인주의적인 문화에서 자란 원어민교사들은 자신의 욕구와 의사를 정확히 표현하는 것이 익숙합니다.

부록

영어 수업

고민 처방전

> 처음 영어전담을 맡게 되었습니다.
> 학생들이 내 발음이나 표현을 지적하진 않을지 걱정됩니다.
> 영어에 정말 자신이 없는데 영어수업, 잘할 수 있을까요?

모국어가 아닌 영어를 가르치는 모든 영어 교사들의 고민

영어에 대한 자신감이 부족한 교사가 영어를 처음 가르치는 경우 학생들의 한 마디 한 마디에 매우 민감하게 반응하기 쉽습니다. 특히 외국에서 살다가 귀국한 학생, 영어 사교육을 받는 학생들이 많은 경우 영어 수업에 대한 부담감은 더 큽니다. 이런 경우, 상황에 맞는 교실영어와 게임설명을 영어로 외워 열심히 활용해 보는데 학생들의 표정이 알쏭달쏭하면 더 당황스럽습니다.

"선생님! 무슨 소린지 하나도 모르겠어요!!"
'내 발음이 이상한가? 내가 뭘 잘못 말한 거지?'

이럴 때는 교사가 사용하는 영어 문장의 수준이 어려워 학생들이 정말 이해를 못 하는 경우가 대부분입니다. 학생들의 영어 학습 수준에 대한 진단이 반드시 필요한 이유입니다.

교사가 영어 말하기에 자신이 없어도 잘 가르칠 수 있습니다. 영어로 40분 내내 수업을 해야 할 필요는 없습니다. 학생들도 이해하지 못하는 교사의 유창한 영어가 얼마나 도움이 되겠습니까? 먼저 자주 사용하는 교실 영어를 조금씩 연습해 보세요. 수업 시간마다 한 가지 표현 정도씩 새로운 표현을 늘려가며 반복해서 쓰다 보면 영어 말하기가 점점 자연스러워집니다. 꾸준히 노력하는 선생님의 모습은 학생들에게도 좋은 자극이 될 것입니다.

5학년 학생인데 교과서 영어 단어를 못 읽습니다.
어떻게 가르쳐야 할까요?

5~6학년 학생들도 파닉스 학습이 필요합니다

　3~4학년 시기에 문자와 소리의 관계를 충분히 익히지 못한 학생들은 단어 읽기에 어려움을 느낄 수 있습니다. 더군다나 5~6학년 교과서에는 파닉스 규칙에 대한 내용이 더 이상 실리지도 않습니다. 파닉스가 영어 공부의 만능 해결법은 아니지만, 영어를 어려워하는 학생들은 단어를 읽을 수 있게 되는 것만으로도 영어 공부에 대한 자신감을 심어 줄 수 있습니다. 따로 시간을 내어 기초학습지도를 할 여건이 여의치 않다면 한 차시 수업 중 5분이라도 파닉스 규칙을 연습할 수 있는 활동을 꾸준히 해보세요.

3학년을 가르치는데 영어를
저보다 더 유창하게 잘하는 학생들이
있는 것 같습니다. 외국에서 살다 온 학생들이나
학원에서 영어를 일찍 시작한 학생들이
학급의 절반 이상인데,
어떻게 가르쳐야 할지 고민됩니다.

학교에서 영어의 기초를 튼튼히 잡아주세요

교과서의 대화문을 듣고 전부 이해하는 것처럼 보이는 학생들도 실제 말하기에는 자신이 없다거나 영어권 국가에서 몇 년간 살다 온 학생들 중에도 교과서 단어를 정확히 쓰지 못하는 경우가 의외로 많습니다. 쉬운 표현이라도 실제 어떻게 다양하게 활용되는지를 보여주거나 교과서에 나온 표현 외에도 중심 표현과 관련한 다른 어휘를 조사해 보게 하여 유창하게 말할 수 있게 도와주세요. 더불어 철자를 정확하게 쓰면서 연습할 수 있는 기회를 충분히 제공해 주세요.

영어를 잘하는 학생들에게 영어도우미의 역할을 주세요

활동이나 게임 방법 시범 보이기, 단어나 발음 알려주기 등의 활동에 참여하게 유도해 보세요. 학생들은 궁금한 것이 있을 때 교사보다는 또래 친구에게 더 쉽게 다가갑니다. 또한 영어책 읽기나 영어로 일기 쓰기 등의 개별과제를 제시해 줄 수 있습니다. 과제에 대한 정확한 피드백이 필요할 때는 원어민 협력교사에게 도움을 요청해도 좋습니다.

학생들에게 충분한 인풋Input을 주기 위한 목적으로
영어로 수업을 하면 못 알아듣겠다는
반응이 많습니다. 수업 분위기가 소란스러워질 때
영어로 지시하면 학생들이 말을 더 안 듣습니다.
이런 경우에도 영어로 수업을 해야 할까요?

TEE Teaching English in English 유의점

우리나라와 같은 EFL English as a Foreign Language 상황에서 적합한 TEE 수업은 최대한 영어를 많이 사용하여 수업을 진행하되 필요할 때는 우리말로 정확하게 설명해주는 수업입니다. 문법에 대한 설명이나 활동 과제를 설명할 때는 영어를 사용하기보다는 우리말로 설명하는 것이 효과적입니다.

학생들이 교실 영어도 어렵다고 하는 경우

영어를 사용하는 기회가 제한적인 우리나라에서 TEE 수업은 학생들이 자연스럽게 영어를 사용할 기회를 확대한다는 점에서 효과가 있습니다. 교실 영어는 수업 시간마다 반복해서 쓰기 때문에 시간이 지나면 자연스럽게 익숙해집니다. 처음 사용하는 교실 영어가 있을 때는 그에 맞는 동작을 같이 보여주고 다양한 활용 예시와 함께 설명합니다. 조금씩 영어 사용의 비중을 늘려 보는 교사의 꾸준함과 용기가 필요합니다. 학생들 또한 '지금 당장은 내가 이해할 수 없지만 선생님은 내가 할 수 있게 어떻게든 도와주실 거야.'라는 믿음을 갖게 해주세요.

영어 수업에 흥미와 관심이 없는 학생이 많은 경우

영어로 진행하는 수업은 영어를 어려워하는 학생에 대한 배려가 더 필요합니다. 무리한 교사의 영어 사용은 오히려 학생으로 하여금 영어를 거부하고 싫어하게 되는 계기로 작용할 수 있습니다. 우리나라와 같은 EFL 상황 속 영어 수업에서는 '이해 가능한 수준의 입력'을 제공하는 것이 더 중요합니다.

영어 시간에 게임을 자주 하다 보니
'영어 시간은 게임하는 시간'으로
학생들이 생각하는 것 같습니다. 그러다 보니 재미만 있고
배움은 일어나지 않는다거나,
게임의 승패에만 집착하는 경우를 많이 봅니다.
어떻게 해야 할까요?

　게임은 자연스러운 분위기에서 영어를 사용하게 하는 효과적인 방법입니다. 게임을 이용한 수업을 진행할 때 고려해야 할 것들을 정리해 보았습니다.

영어 게임의 목적 설명하기

　게임을 시작하기 전, 게임의 승패는 영어 공부의 목적이 아님을 강조하고, 게임을 통해 습득하고자 하는 표현이나 내용을 명확하게 제시합니다. 또한 승부에 지나치게 집착하여 어휘나 문장을 대충 말한다거나 무조건 이기기 위해 친구를 비난하는 행동 등을 하지 않도록 지도합니다.

차시별로 게임의 유형 변경하기

학습 초반에는 핵심 단어나 문장을 반복해서 연습하는 것이 중요하므로 최대한 많이 말하거나 써볼 수 있는 활동을 준비합니다. 충분히 연습이 되었다면 그동안 학습한 내용을 활용하여 자신이 노력한 정도에 따라 보상을 받을 수 있는 활동을 준비합니다.

최대한 많은 수가 참여할 수 있는 활동 구상하기

한 명씩 앞으로 나와서 하는 활동의 경우 나머지 학생들은 기다리는 시간이 길어지고 집중력도 저하됩니다. 모둠별로 활동할 수 있게 하거나 전체가 다 같이 연습 상대를 바꾸며 1:1로 대화를 하게 하면 발화의 기회를 높일 수 있습니다.

고학년에게 맞는 게임 수업 방법

고학년일수록 자신의 영어 실력이 드러나는 것을 부담스러워하고 여러 친구들과 함께 활동적으로 참여해야 하는 게임에 대해서 부담감을 느낍니다. 따라서 개별활동과 모둠활동의 비율을 적절하게 조절하는 것이 필요합니다. 또한 자신의 수준에 맞는 활동에 참여할 수 있도록 다양한 방법을 마련해 주는 것도 중요합니다. 중요한 것은 실수나 모르는 것에 대해 부끄러워하지 않고 열린 마음으로 도전할 수 있는 분위기를 교사가 지속적으로 조성해 주는 것입니다.

학교 수업이 너무 쉬워서 재미없다고 해요.
영어를 어려워하는 학생에게
차근차근 설명하며 열심히 가르치려고 한 건데,
어떻게 해야 하나요?

쉬워서 재미없다고 말을 하는 학생들은 주변의 관심을 끌고 싶어하는 경우가 종종 있습니다. 그러나 내용에 대해 설명을 해 보라고 하면 어렴풋이 알고 있는 내용을 '안다'고 착각하는 경우가 많습니다. 정말 영어 시간에 흥미를 느끼지 못하는 학생들은 정작 교사 앞에서 어려움을 표현하지 않습니다. 이미 학원에서 선행학습을 이유로 반복한 터라 더 이상 도전적이지 않은 교과서 내용에 대해 학생들은 적극적으로 재미없음을 표현하기보다 보통 무기력하게 앉아 있는 것을 볼 수 있습니다.

6학년 영어전담교사는 다른 학년을 가르칠 때보다 마음이 바쁩니다. 중학교 영어에서 좌절하지 않도록 최소한의 준비라도 시켜야 하기 때문이지요. 그러다 보면 학습 능력이 뒤처지는 학생에게 자꾸 초점을 맞추게 됩니다. 문제는 정작 들어야 할 학생은 참여하지도 않고 나머지 학생들은 따분하게 앉아 있는 상황입니다.

학교마다 학생들의 영어 수준이 천차만별이라 교사는 어느 수준에 맞춰 수업을 해야 할지 고민이 됩니다. 이럴 때는 다수의 학생에게 다소 도전적인 수준의 과제를 준비하는 것이 좋습니다. 영어를 어려워하는 학생들도 쉬운 과제를 대할 때보다 적극적으로 과제에 몰입하는 장면을 보게 될 것입니다. 모두 해결하기에 어렵다면 과제의 양을 학생 스스로 정하게 함으로써 성취감을 맛보는 기회를 늘려주면 됩니다.

매번 모든 학생을 만족시킬 수 있는 수업은 없습니다. 다양한 방법을 연구하고 시도해 보되, 학생들의 반응이나 태도에 너무 일희일비하지 않는 여유를 갖는 것이 중요합니다.

선생님, 내일 영어 수업 뭐해요?

2021년 12월 13일 초판 1쇄 발행
2023년 8월 1일 초판 3쇄 발행

저자   최은지, 송은주, 최봄이, 조미화, 송효정, 박윤아
감수   Jade A. Virgil, Jessica A. Hillman

교정·윤문   전병수
발행인   전병수
편집·디자인   배민정
발행   도서출판 수류화개
              등록 제569−251002015000018호 (2015.3.4.)
              주소 세종시 한누리대로 312 노블비지니스타운 704호
              전화 044−905−2248
              팩스 02−6280−0258
              메일 waterflowerpress@naver.com
              홈페이지 http://blog.naver.com/waterflowerpress

값 18,000원
ISBN 979−11−92153−02−5 (03370)